青春文庫

1日1分

骨から小顔

南 雅子

JN061723

青春出版社

はじめに

「最近、顔がたるんで大きくなってきた気がする」

「ダイエットをしても、顔だけはやせない」

「エラが張って四角く大きい顔が、コンプレックス」

「むくみがとれず、いつも顔がパンパン」

「下ぶくれ、丸顔で顔が大きく見える」

こんな悩みを抱えていませんか？


顔は、印象を決める重要なポイントです。だからこそ、このような悩みがつきないのでしょう。

私は、美容家として50年にわたり、カイロプラクティックと整体の理論をベースに「健康的で美しい体づくり」の方法を、多くの方々にお届けしてきました。悩みは人によってそれぞれ違いますが、顔の大きさや形に悩んでいる方はとても多くいらっしゃると、感じています。

「生まれつきのものだから、顔は小さくならない」

「整形しないかぎり、顔の形を変えられるわけがない」

そう、なかばあきらめている方々も少なくないのです。

でも、あきらめる必要はまったくありません。**顔は何歳からでも小さくなりますし、形だって変えられます。**

そのための方法をまとめたのが、本書です。


では、顔を小さくするためにはどうすればいいか、ですね。詳しくは本文でお伝えしますが、**その答えは「骨」にあります。**体のゆがみを整える、つまり、全身の骨を正しい位置に戻すこと。そこから始めるのです。

「でも、顔を小さくしたいのに、なぜわざわざ体から整えるの……?」

そう思われた方もいらっしゃるかもしれません。

じつは、この方法が遠回りに見えて、一番の「小顔への近道」なのです。

「小顔になりたい!」といって多くの人が真っ先にトライするのは、顔を動かしたり、顔の筋肉にアプローチすることでしょう。しかし、顔も体の一部です。顔を構成する骨や筋肉は、体とつながっています。

顔にだけアプローチしても、体が整っていなければ、その効果は一時的。すぐにもとに戻ってしまいます。エステや小顔マッサージを試してはみたものの、その効果が一週間も続かなかったという方も多いでしょう。

体から整え、ゆがみのない美しいボディをつくる。それが「バランスのいい小さい顔」をつくる最短条件なのです。

しかも、ボディ（骨と筋肉）をキープしているかぎり、リバウンドはありません。小顔は一生続きます。

本書で紹介するエクササイズを行《おこな》うと、ただ小顔になるだけでなく、顔の形まで変わります。徐々にアゴの骨が後ろに引けて横顔の美しい小顔に変わっていき、前から見ると、側頭がだんだん細く狭くなり、気になるエラ張りや頬の大きさも後ろにシュッと引けていくのです。

もちろん、ボディにも大きな変化が起きます。胸がパンと高くなり、ウエストはキュッとくびれ、脚はまっすぐすらっと伸び、前よりも長くなる……。自分史上最高の体になることもできます。
どれもたった1分程度でできるエクササイズばかりですが、骨が動き、骨格が生まれ変わるような体験ができることでしょう。

とはいっても、「骨が動くはずはない」とくに「頭がい骨は動かない、生まれつきのものだから変わるはずがない」と思っている方も多いかもしれません。ところが、頭がい骨は少しずつですが、動く骨なのです。頭がい骨を少しずつズラして形を変えていく。これは、小顔づくりの重要なポイントです。

そして、コロナ禍のいまこそ、ぜひ、本書のエクササイズに取り組んでほしいと思います。いま、マスクは顔の一部のようになっていますね。「顔が見えないから、大きさが気にならなくなった」と思っている方がいるならば、それは危険です。その油断によって、顔はさらに大きくなります。ただでさえ、マスクの常用は顔を大きくしやすいのに加え、リモートワークなどでパソコンやスマホを見る時間が増えていますから、いまは、以前よりも〝顔が大きくなりがち〟な生活様式に変わっているともいえるのです。

本書では、マスクが当たり前になったいまだからこそ必要なエクササイズ、マスクの下でもできるエクササイズも紹介しています。

ちなみに、コロナ禍では酸素を十分取り込み免疫力を高めるためにも、肺機能を高めることが必要です。本書のエクササイズはそれにも一役買っています。

ボディを調整することで、シュッとした小顔としなやかに動く体を同時に実現するだけでなく、バストやウエスト、肌や体調にもうれしい変化がもたらされる……。本書のエクササイズをすると、顔も体も劇的に変わっていくので、鏡を見るのが楽しくなります。そして自分のことをもっと好きになれるはずです。さあ、そんな素敵な変化をぜひ、すぐにも、あなた自身であなたのなかに実現してください。

整体エステ「GAIA」主宰　南 雅子

1日1分 骨から小顔　もくじ

Part 1
どんな顔も、必ず小さくなる方法があります

Part 2 小顔をつくる10のエクササイズ

Part 3

もっと小さな顔になる！スペシャルマッサージ

Part 4 習慣を変えると、顔も変わる

小顔美人になる一日の過ごし方

エピローグ

小顔になると、人生が変わる！

プロローグ

小顔づくりのカギは「アゴ」にあった！

顔が小さい人はみな、自然とアゴが引けています

流行りの顔の形は時代とともに変わります。わたしの感覚ではだいたい12年くらいのサイクルで変化しているのではないかと思います。丸顔、アゴが細い顔、面長……。ファッションとも相まって、これまでいろいろな形が〝時代の顔形《かおかたち》〟として、もてはやされてきました。

米国の映画情報サイト「TC Candler」では、毎年「世界でもっとも美しい顔100人」ランキングを発表して話題になりますが、そんななかでも、いつの時代でも変わらなかったのは、みな「小顔」だということ。

形のトレンドはさまざまでも、全体として小さいということが、憧れや流行りの〝必須条件〟だったのではないでしょうか。

誰もが羨望の視線を注いでいる、モデルや女優。かっこいい、素敵……と感じさせる彼女たちの多くも、小さな顔をしていますね。

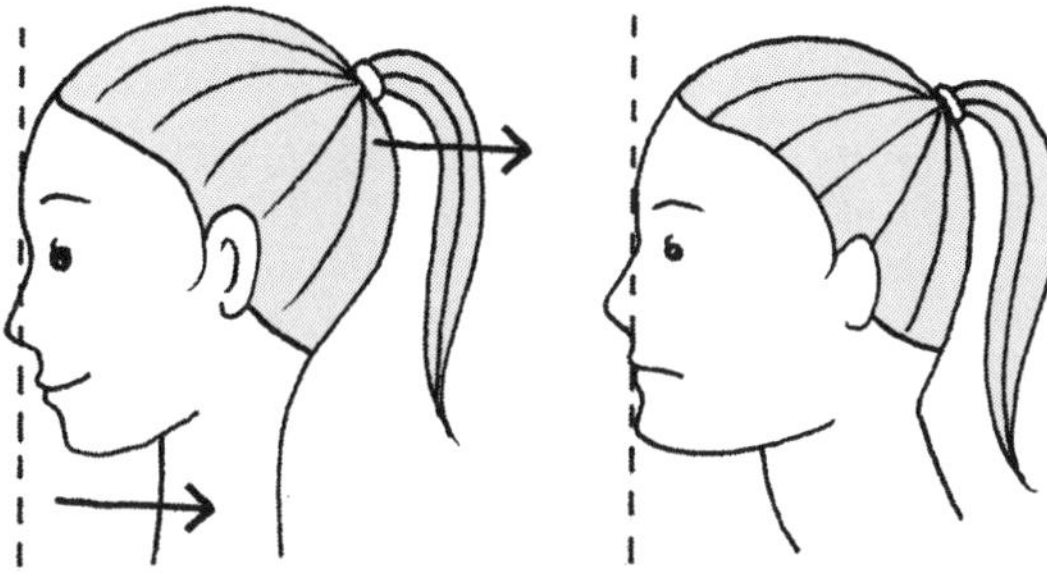

顔が小さい人はアゴが引けている。

じつは、そんな小顔の人たちには、はっきりした共通項があるのです。

それは〝アゴが引けている〟ということ。

アゴが引けているとは、横から見たときにおでこよりアゴが前に出ていない、おでこのラインよりアゴが後ろに引けているということです。

具体的には、まず横から見ておでこの線を垂直にまっすぐおろしたとき、その線上にアゴの先端がきているというのを基本とします。

そして、おでこからの垂直線よりアゴが前にあれば出ている、後ろにあれば引けている、ということになります。

アゴを無理に引いて二重アゴになっている人は、アゴが引けているとはいえませんので、ご注意ください。

このような視点でモデルさんを見てみましょう。ほぼ例外なく、アゴが引けています。そう、**小顔とアゴの位置は深くかかわっているのです。**

それだけではありません。アゴが引けている人はきれいに前歯が見える魅力的な笑顔を見せてくれます。首がスラリと長く、美しい背中をしています。さらに、ウエストがキュッと引き締まり、ヒップが高い位置にあって、脚が長く見えるのです。

みなさん、テレビに出演している現役のモデルさんやモデル出身のタレントさんをよくよく観察してみてください。

なんで顔があんなに小っちゃくて脚が長いんだろう。なんで顔はあんなに小っちゃいのに、胸は大きいのだろう……。そんな〝不思議〟を感じませんか？

そう、すべては連動しているのです。では「アゴを引く」にはどうすればいいのか、その秘密を解説していきましょう。

頭は重い。姿勢が悪ければ、顔が崩れるのは当然です

「アゴを引く」。その秘密のカギを握るのが「姿勢」です。

体の中心軸が前後にも左右にもブレがなく、正しくバランスが取れている。両足の裏でしっかりと重心を受けとめていて、骨格にも筋肉にも余計な負担がかかっていない。バランスのいい小顔の持ち主は例外なく姿勢がいいのです。

バランスが整った体は疲れにくい。疲労感でイライラしたり、些細なことで不平不満を感じたり、ということが少ないのです。いつも明るく自然に笑顔がこぼれるようにもなります。

「小顔って、そんなにいろんなことと関係があるんだ!」

そうなのです。たとえば、姿勢や体のバランスは悪いけれど、顔だけはバランスよく小さい、ということはありません。つまり、小顔になるためには、姿勢に目を向けることが大切。**よい姿勢は骨格や筋肉によってつくられますから、**

関節をほぐし、骨格や筋肉を正すことから、スタートするのが、もっとも効果的な「小顔への道」なのです。

みなさん、まず、そのことを知ってくださいね。

一方、顔が大きい人の特徴は、小顔の人とは対照的です。横から見るとおでことアゴがまっすぐな線ではなく、アゴが前にズレています。必ずしも受け口になっているとはかぎりません。

アゴがしゃくれている人は、アゴが前にズレているからしゃくれが目立つし、エラが張っている人は、ズレているぶんエラが前に出て目立つのです。

そして、姿勢は前のめりになって、肩が上がり、いかり肩になっています。体が前のめりになっていると、首の骨も前に傾きます。そのため首の骨でバランスよく頭を支えることができません。

重い頭（なんと、5〜6キログラムもあります）をいつも無理して支えているわけですから、当然、首のまわりの筋肉が必要以上に発達して硬くなってしまいます。

小顔美人は姿勢美人

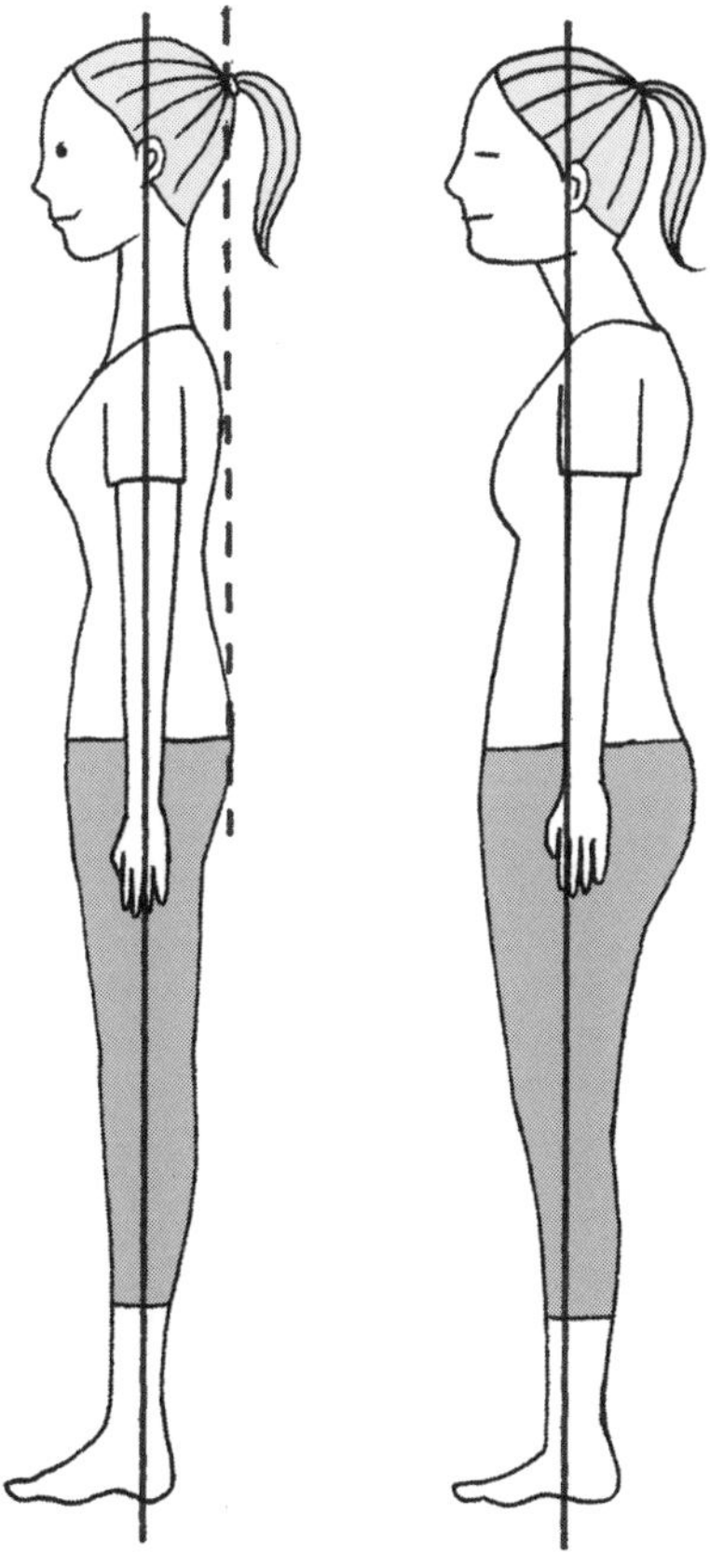

その結果、首が太くなって大きなエラ張り顔になったりするのです。

首まわりにつく余分な硬い筋肉は、血液やリンパの流れを妨げます。そのため脂肪が溜まりやすく、セルライトもできやすくなるのです。これらも首を太くし、顔を大きくする一因です。

また5～6キロもの重さの頭を斜めになった首で支えるのですから、頭の骨が少しずつ前にズレて、重みでアゴが下がり、アゴが前に出てくるのも当たり前のことなのです。

さらに、顔を大きくしてしまう原因として、このコロナ禍での「マスクをする習慣」も見逃せません。顔の下半分を隠すマスクの着用が「ふつう」になったことで、〝見られている〟意識が薄くなり、顔のケアや表情に対する注意を怠りがちになっている方が多くいるからです。

それがたるみを加速させ、また、表情筋を使わないことで、その筋力が低下して、マスクの下で顔が大きくなっている人が多くいます。

マッサージだけでは、顔の形は変わらない

小顔になるというと、誰もが真っ先に思い浮かべるのがマッサージでしょう。

事実、〝小顔〟をうたったマッサージは多種多様。小顔になりたくていろんな種類のマッサージをいくつも受けたという人も少なくないかもしれません。

あるいは、顔の骨を動かして小顔づくりをするという「小顔矯正」に挑戦している、という人もいるのではありませんか？

そこで、質問です。

「そのフェイスマッサージや小顔矯正で顔は小さくなりましたか？」

おそらく、

「たしかに小さくなった（気がする）」

という答えがたくさん返ってくるのだと思います。しかし、問題はその先。

そう、持続性です。

フェイスマッサージや小顔矯正で手に入れた小顔がいつまでも続いている、という人は、さて、どのくらいいるでしょうか。

この問いに「YES」と答えられる人はほとんどいないのではありませんか？　もっと、はっきりいってしまえば、「ゼロ」では？

そう、マッサージや小顔矯正で一時的には小顔が実現しても、リバウンドするのは必至なのです。

なぜなら、マッサージは顔の表面の筋肉、すなわち、表層筋に働きかけるものでしかないからです。動かすのは表層筋だけです。そのため、動かしてしばらくのあいだは、小顔を保っていられても、時間が経つと以前の顔の大きさに戻ってしまいます。

小顔矯正も同じです。顔の骨を一時的に動かすだけですから、施術後ある一定の期間は小顔を保てても、持続性という点ではいかにも心もとない、というしかありません。

姿勢がもとのままでは、いずれ顔の形・大きさも戻ってしまいます。骨格の基礎から顔の形が変わるというものではないのです。

「だったら、リバウンドしない方法なんてあるの？」

ありますね！　**体の骨格は、足裏から脚の骨、股関節、骨盤、背骨、頸骨《けいこつ》（首の骨）、頭がい骨まですべてが連動しています。**たとえていえば、積み木が積み重ねられている、というイメージです。その積み木のどこかの箇所がズレていたり、ゆがんでいたりすれば、全体的にバランスが崩れます。

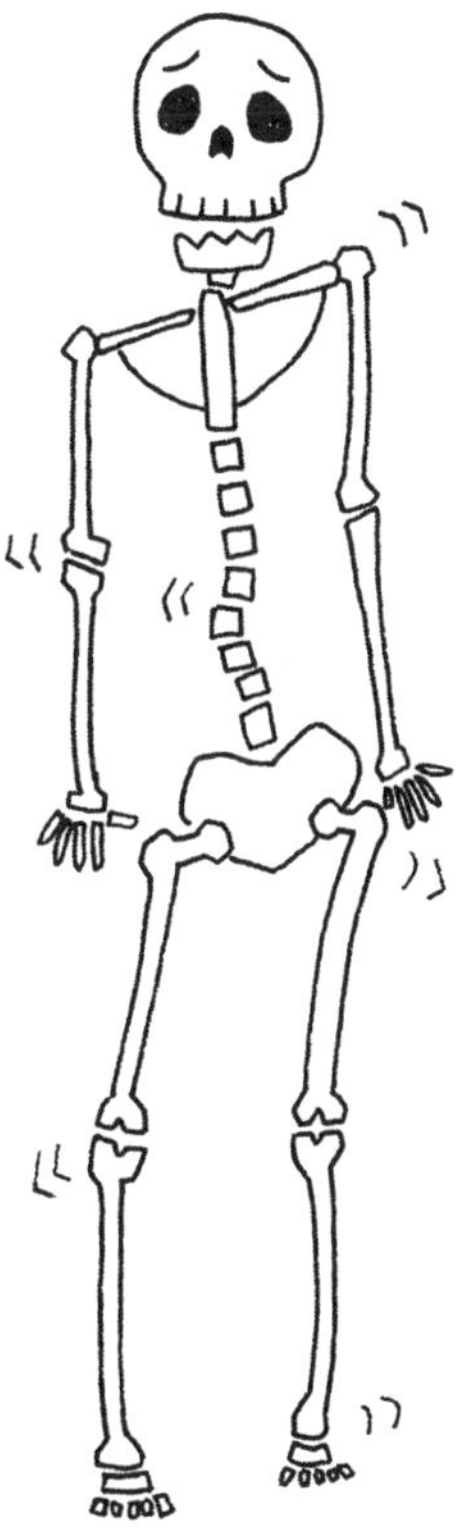

これと同じように、骨格もどこかの部分にズレやゆがみがあったら、骨格全体がバランスの悪いものになってしまうのです。

顔の大きさととくに深くかかわっている、頭がい骨や顔の骨（アゴの骨）なども影響を受けずにはいられません。

しかも、人体の60％以上が水分で構成されていますから、骨は体液のなかで、積み上げられているようなものです。そのため動きやすい。

ですから、**大切なのは積み木の積み方を土台から正していくこと。**

足から首、頭がい骨にいたるまで、正しい骨格に整えていくことが重要なのです。

50年ボディメイクに携わってきたからこそ気づいた小顔のしくみ

「整体エステ」をわたしが始めた当初は、骨盤や股関節のゆがみが体全体のゆがみにつながるということは、それほど知られていませんでした。

しかし、現在は骨盤・股関節のゆがみが体のバランスを崩す原因になっているということは、当たり前のように知られています。

ところが「顔」についてはどうでしょう?

顔も体の一部です。しかも体の一番上に存在しています。

体の土台になる下半身の2本の脚のバランスが崩れれば、その一番上にある顔も崩れてしまうのは当たり前です。それなのに、顔にだけアプローチをしても、一時しのぎにはなれど、根本的な解決にはいたらないと思うのです。

体にも顔にも骨があり、骨のまわりには筋肉がありますから、骨格が正しく整えられたら、関節も正しく働き、筋肉も正しく発達するようになります。伸ばすべきところは伸ばし、引き締めるべきところは引き締めてくれるのです。

こうなれば、スッキリとした小顔に変われます。

そればかりではありません。やせにくい太ももやウエストまわり、二の腕のタプタプ……などが、きれいにシェイプアップされていくのです。

つまり、**小顔づくりは体づくりともいえるのです。**

顔というのは、どういう体をしているかを端的にあらわしている部分です。

たとえば、20世紀を代表するセックスシンボル、マリリン・モンローの顔はやわらかみがあります。体もふっくら丸みのあるボディラインです。モデルのツイッギー（Twiggy：小枝）は、まさに愛称の「小枝」のように角張ったボディライン、そして角張った小さい顔をしています。

世界で活躍するバレリーナの小さな顔には、腕や脚が長く、中心軸のしっかりした縦にスッと伸びるボディがふさわしいのです。

ですから、首の伸びた中心軸がまっすぐな体にしていくと小顔になっていきます。本書はそのための方法を紹介します。

「本当にそんなことが可能？」という人は、まずはダマされたと思って、本書で紹介するエクササイズを試してみてください。

これはわたしが美容家として50年以上、美しいボディづくりに携わってきたからこそ経験してきた「事実」です。

美しいボディをつくりあげたら結果として小顔がついてきた。骨格を正してバランスのよい体を手に入れた人は、アゴが引けて、みなさん顔が小さくなっていたのです。

もちろん、**骨格が変わって小さくなった顔ですから、ボディを維持しているかぎり、リバウンドすることは１００％ありません。**

その意味でも、本書で紹介するエクササイズは、いままでとはまったく違う〝究極の小顔づくり法〟と自信を持っていえるのです。

＼コラム／

モデルや女優の笑顔はなぜ〝ニッコリ〟かわいいのか

自然にこぼれるニッコリ笑顔。周囲の誰をも心地よくさせる笑顔。じつはそんな笑顔と小顔には切っても切れない関係があります。

そのポイントは下アゴが引けているかどうか。そこにすべてかかっています。じつは、下アゴが後ろに引けていれば、口角が上がり、筋肉を動かすことを意識しなくても、きれいな笑顔になるのです。

そして、下アゴが後ろに引けるのは、小顔づくりのポイントでもあります。

つまり、自然な笑顔ができることは、そのまま小顔になることにつながっているのです。

首が伸び、肩が後ろに引け、肩甲骨も下がって肩あたりの筋肉がしなやかなことも、素敵な笑顔と小顔の共通ポイント。

きれいな笑顔と小顔には共通点が多い。だから、小顔モデルの笑顔は自然でチャーミングなのです。

Part 1

どんな顔も、
必ず小さくなる
方法があります

肩甲骨を下げると、顔はどんどん小さくなる

骨はそれぞれ連動して全体としての骨格をつくっています。ですから、どこか1カ所ズレを直したりゆがみを正すと、そのよい影響はほかの骨にも及びます。とはいっても、本書は小顔がテーマですから、その実現のためにもっとも効果的なところを〝攻める〟のがポイントになりますね。確実により早く小顔をつくる攻めどころはどこか?

それはずばり「肩甲骨」です。

顔が大きい人は姿勢が悪く、アゴが前に出ているというお話をさせていただきました。ということは姿勢を正せば、アゴが後ろに引かれて、小顔になるというわけです。姿勢を正すために、まず意識すべきなのが、「肩甲骨」。

アゴが前に出ている人は、首が前に傾いたいわゆる「前首」になっていて、姿勢も前かがみです。そして、肩甲骨が上がっています。この肩甲骨を下げる

ことがアゴを引くことにダイレクトにつながります。

じつはアゴまわりの筋肉は、肩甲骨とつながっています。

難しいメカニズムの説明は、後述することにして、ものすごくわかりやすくいえば、肩甲骨を下げれば、首がまっすぐ持ち上げられ、それに連動して下アゴが引かれます。まるで腹話術の人形のように、肩甲骨をキュッと下げれば、下アゴがキュッと引かれる。だから肩甲骨を攻めることが小顔への一番の早道なのです。

肩甲骨は背中にある逆三角形の骨

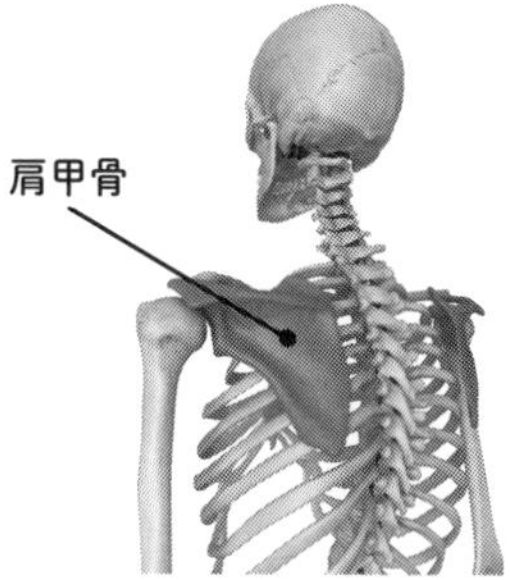

肩甲骨を下げるとアゴも下がる

首が長くなる＝顔が小さくなるということです

小顔を実現するためには、首まわり、アゴまわりの筋肉をしなやかに伸びる質のいい筋肉にすることも不可欠です。

首のまわりの筋肉が縦に伸びると、首の頸椎《けいつい》の関節づまりが解消されます。

積み木の積み方が正しいものになるわけです。

頸椎とは背骨（脊柱《せきちゅう》）の首の部分を指します。背骨は33個の椎骨《ついこつ》と呼ばれる小さな骨がつらなってできていますが、椎骨どうしをつなげているのが、脊柱起立筋《せきちゅうきりつきん》（36ページ参照）という筋肉。これはしなやかに伸びる縦筋《たてきん》です。

この脊柱起立筋は背骨の椎骨を守りながら首の後ろを通って頭がい骨にまでつながっています。脊柱起立筋が柔軟に伸びて頸椎の位置を正しく整えると、首がよく回るようになります。

首から肩に広がって背骨の上にも走っている僧帽筋《そうぼうきん》（36ページ参照）は、前

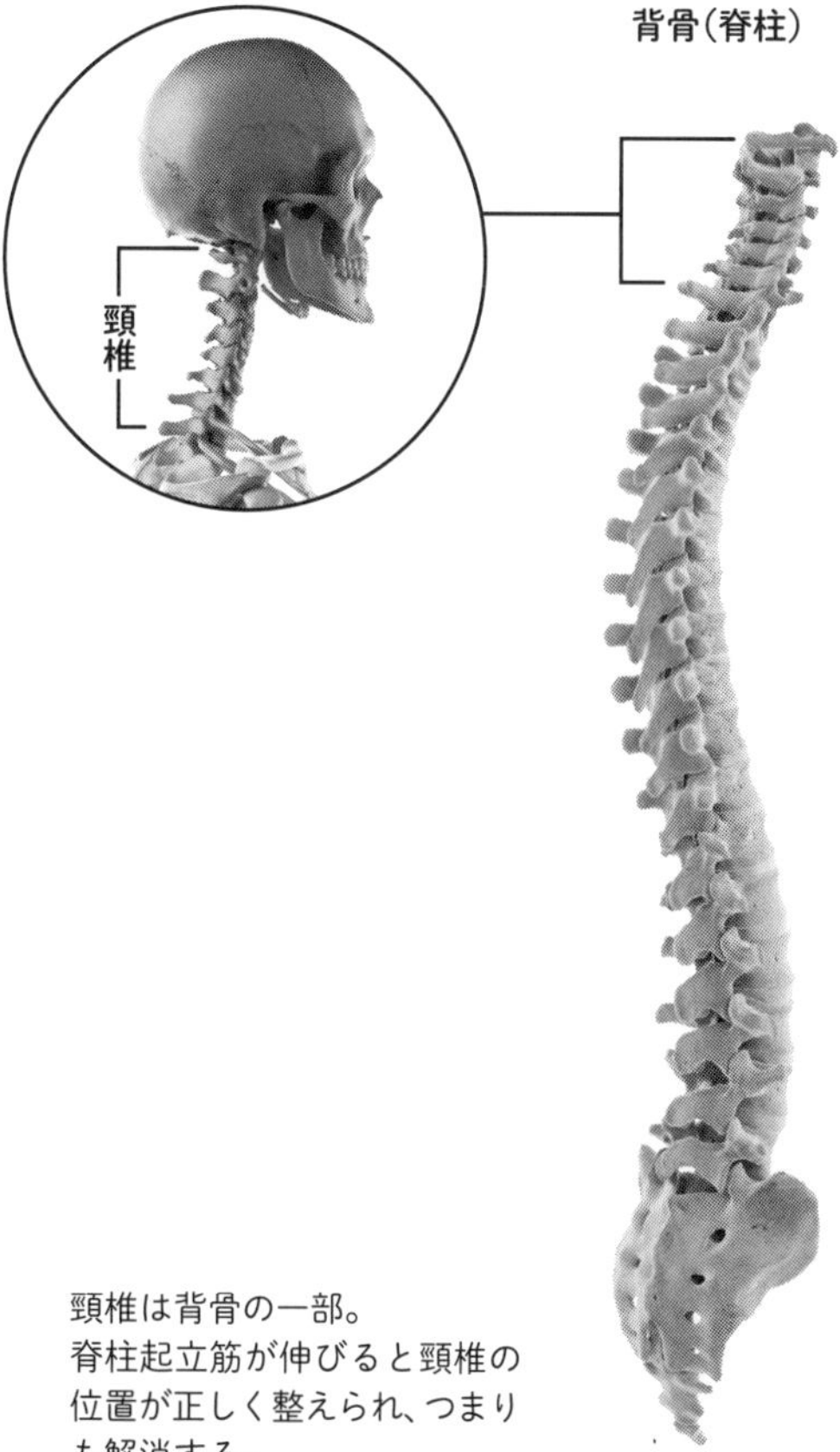

頸椎は背骨の一部。
脊柱起立筋が伸びると頸椎の位置が正しく整えられ、つまりも解消する。

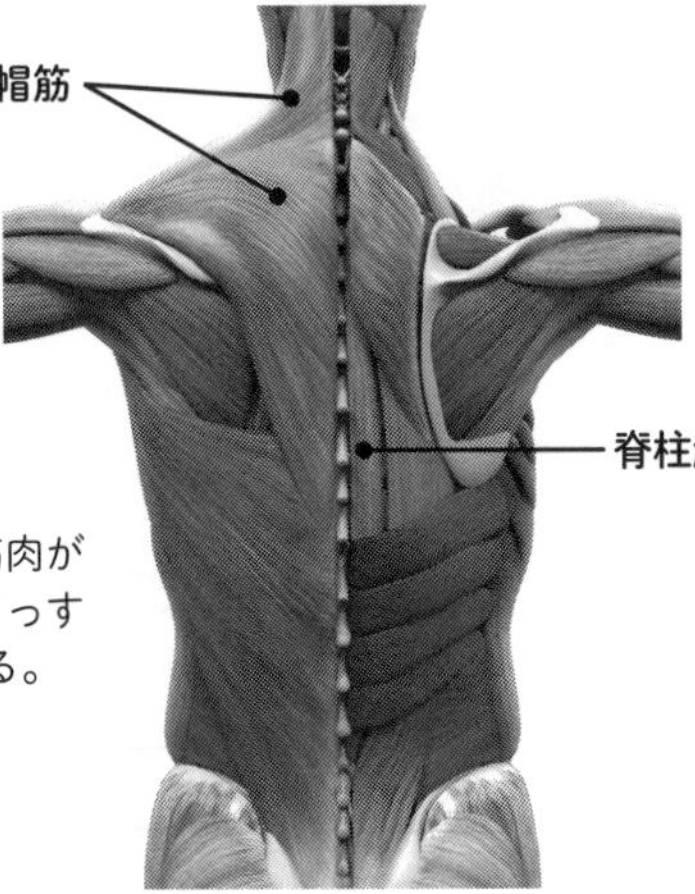

肩・首まわりの筋肉が柔軟だと、首をまっすぐ持ち上げられる。

肩・猫背などで首が回らなくなると硬くなります。

首がよく回るようになると、僧帽筋がやわらかい弾力を取り戻して、首はまっすぐに持ち上げられ、顔の血液やリンパの流れ、神経の伝達もよくなります。

頸椎のつまりがとれ、首のまわりがほぐれると、当然、首はスッキリと細く長く縦に持ち上げられます。首まわりの筋肉も伸びて、たるみやシワも消えるのです。

それに、首がよく回れば、頑固な首のこりや肩こりもなくなっていきます。

そして首を細くまっすぐにすると、首が斜めになることで、崩れていた顔が正しい位置に持ち上がり、小さくなります。

つまり、**まっすぐな首で顔と頭を持ち上げると、むくみなどが消え、さらに顔を構成する要素（水分や血液など）が顔面側と後頭部にバランスよく分散される**のです。

首がまっすぐになると
顔・頭のバランスがよくなる

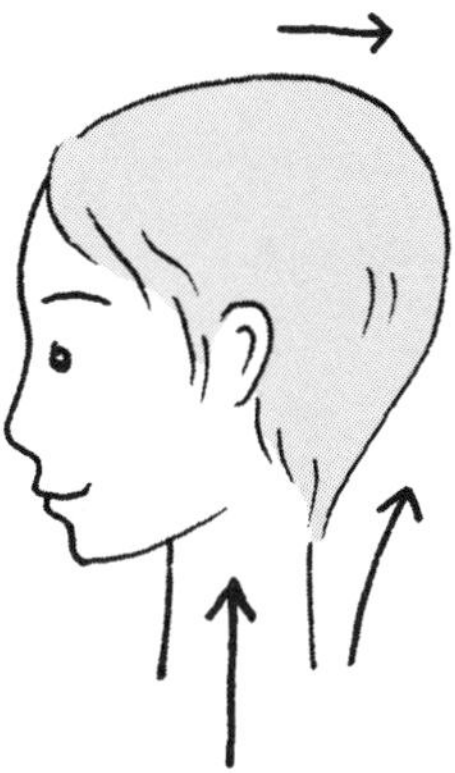

顔側にだれていた肉がキュッと締まり、後頭部が形よく出てくるイメージです。

これが、わたしが日頃から口にしている「**首が細く長くなれば、顔が小さくなる**」の要因でもあるのです。

生まれつきだからと、あきらめない！「頭がい骨」は動きます

え？　ちょっと待って、後頭部が出るというけど、頭がい骨って形が変わったりするの？

前項の説明で、不思議に思った方もいるでしょう。

そうです。首が細く長くなるということは顔が小さくなるだけでなく、頭の形にもよい影響があらわれるのです。

神経組織が集中している脳はもっとも大切な器官ですから、硬い頭がい骨によってガッチリガードされています。みなさんのなかには、頭がい骨は球体のひとつの骨だと思っている人もいるのではないでしょうか。だから動くはずがないと……。

頭がい骨は28個の骨が縫合《ほうごう》されてつくられています。そのうち、脳の部分を包んでいるのが8個、顔の骨格にかかわっているのが14個です。ちなみに、残

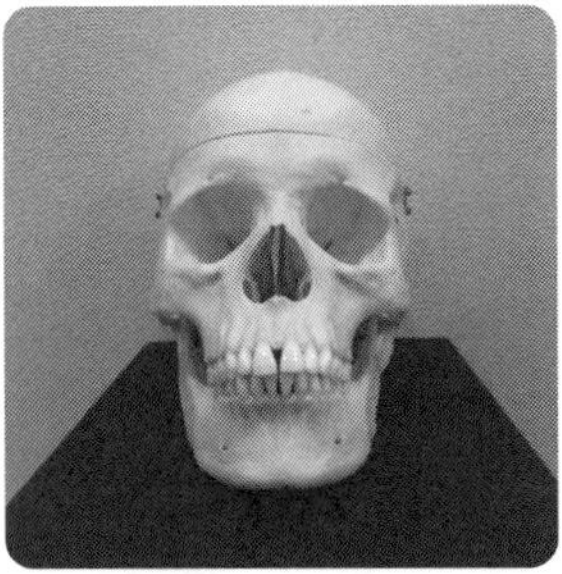
頭がい骨(正面)

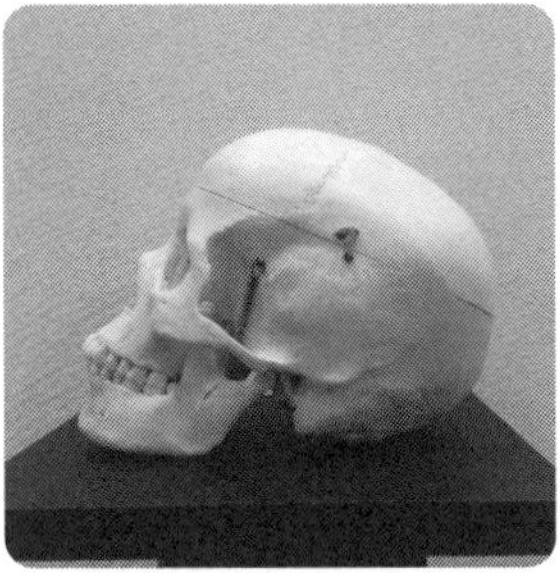
頭がい骨(横)

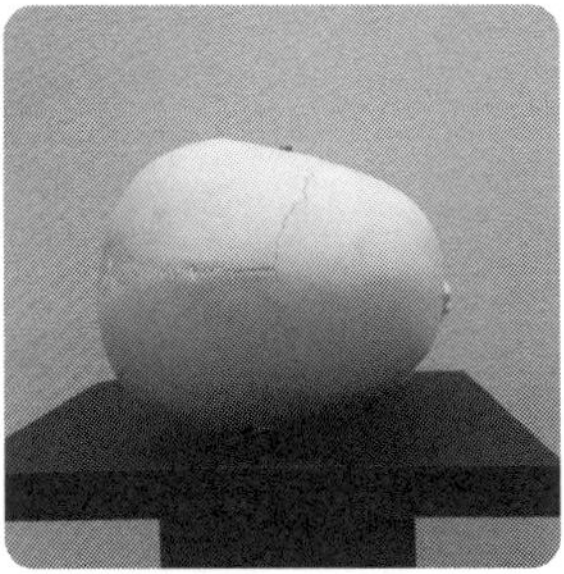
頭がい骨(真上)

頭がい骨は28個の骨が組み合わさってできている。
だから形も少しずつズラすことで変えられる。

りの6個は耳小骨《じしょうこつ》（耳のなかに存在する骨）です。
頭がい骨を構成する骨と骨は、ほとんど隙間のない形で接合されています。しかし、ピッタリとくっついているわけではありません。だから、わずかではありますが、徐々に動くのです。動くということは、頭の形も顔の形も変わるということ。

頭がい骨は動くというと、驚かれるのも無理はありません。しかし、わたしのサロンで小顔づくりに取り組んだ方のなかには、頭の形が実際に変わった方が多くいます。

頭がい骨を動かすのはそれぞれの骨の周辺にある筋肉です。全身の体の骨や筋肉が立体的に発達していて、本来の働きをしていれば、頭がい骨も立体的な形に保たれます。頭も顔の形も引き締まって横に広がらず、縦長に細く整ったものになるのです。頭の後頭部も形よく出てきます。

しかし、とくに首の骨にゆがみやズレがあると、まっすぐに頭がい骨をキープするために重要な筋肉が、十分に働けなくなります。そのため、頭がい骨がゆがんだ方向に動いてしまい、頭や顔の形が崩れるのです。

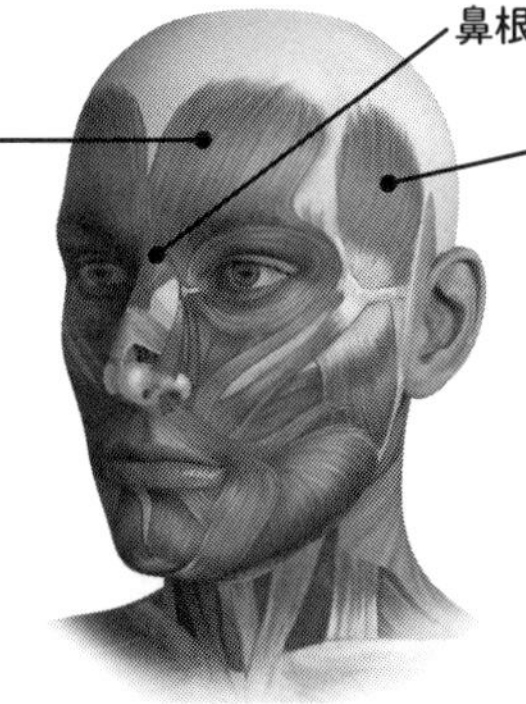

側頭筋、鼻根筋、前頭筋が頭がい骨を上に引き上げる。

「顔が大きいのは、骨格がそうなっているのだから、しかたがない」

そう考えている人がいるかもしれませんが、そんなことはないんです。

側頭筋《そくとうきん》や鼻根筋《びこんきん》、前頭筋《ぜんとうきん》、脊柱起立筋などの働きによって、頭がい骨は上に引き上げられ、また、後ろに引っ張られて、細く立体的な頭の形に変わります。

横に広い扁平な形ではなく、後頭部がきちんと後ろに引けた形になる。頭がい骨の側頭骨（頭の左右、耳あたりにある骨）はアゴまわりや首まわりの筋肉とつながっていますから、その骨格も変化して、大きな幅広い顔も、細面の小顔になっていきます。

頭がい骨を動かす筋肉のお話

頭がい骨は動く。前述の話に驚いた方もいらっしゃると思いますが、骨は筋肉にすべてつながっているのですから、筋肉を動かせば骨は動くのです。

頭がい骨はいくつかのピースからなっていて、ピースは生涯動き続けます。たとえば、頭の頂上には〝百会《ひゃくえ》〟という部位があります。ここは赤ちゃんのときはぺこぺことやわらかいのですが、大人になるに従って締まってきます。ただ、完全にふさがるわけではありません。隙間を残したまま、脳の発達とともに徐々にふさがり、ジグザグのラインで縫合されます。

頭がい骨を囲む筋肉は表面の筋肉とその下にある筋肉に分かれています。

顔を正面から見ると、上から前頭筋、皺眉筋《しゅうびきん》、眼輪筋、鼻根筋、小頬骨筋《しょうきょうこつきん》、大頬骨筋《だいきょうこつきん》、上唇挙筋《じょうしんきょきん》、口輪筋《こうりんきん》、下唇下制筋《かしんかせいきん》、口角下制筋《こうかくかせいきん》、オトガイ筋などがあります。

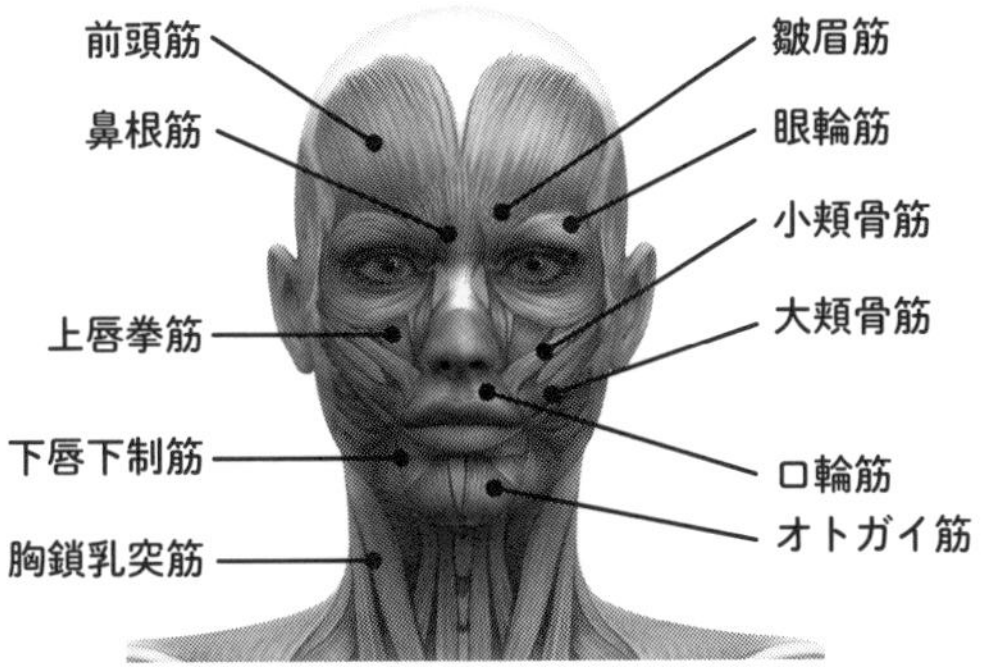

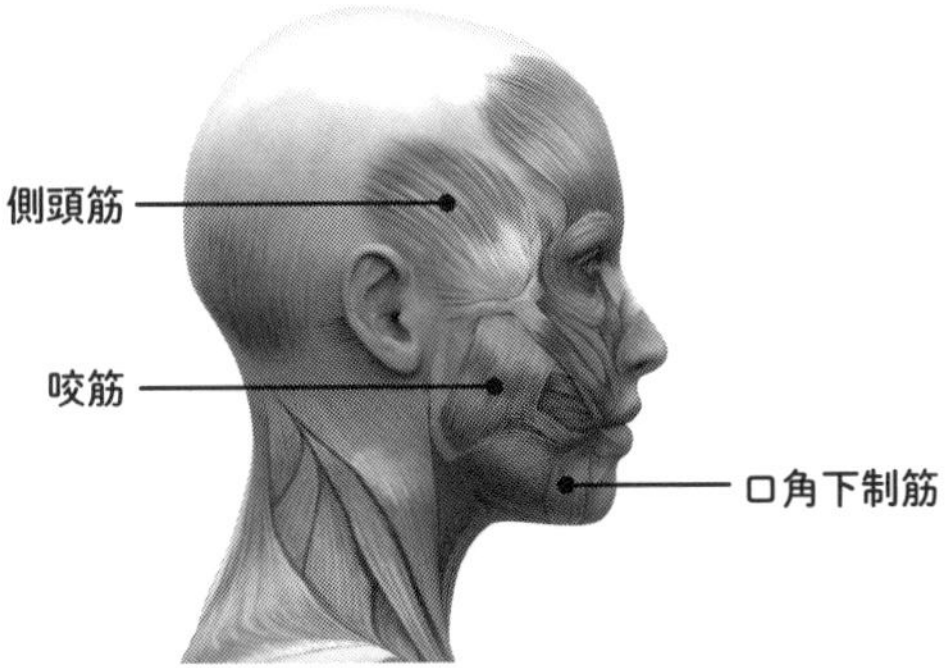

頭がい骨は多くの筋肉に囲まれ、その影響を受けている。

横から見ると、側頭筋、顎二腹筋《がくにふくきん》（51ページ参照）、咬筋《こうきん》、茎突舌骨筋《けいとつぜっこつきん》（51ページ参照）などの筋肉が頭がい骨を囲んでいます。

これらの筋肉のなかには腱のように強くて丈夫な筋肉もあります。

これらの筋肉が動き出すと、頭がい骨、首、上半身、下半身へと連動して縦に伸び、引き締まった全身の筋肉ができあがります。そして小顔もつくられるというわけなのです。

日本人は首が座っていない赤ちゃんの頃から仰向けで寝かせ続けるため、後頭部が扁平で横に広がった頭の形になりがちです。対して、欧米には「タミータイム」という固めのベッドなどで、赤ちゃんをうつ伏せで遊ばせる時間があり、これが欧米人の頭を立体的な形にする一因といわれています。本書で紹介する一連のエクササイズは、〝憧れ〟の欧米人のような頭の形をあなたが実現するものでもあります。

〝動いて〟形が悪くなった頭がい骨なのですから、今度は目的を持って、意識的に〝動かして〟きれいな形にすればいいのです。

あきらめる必要なんて、ぜんぜん、ありませんよ！

骨が動くから、高い鼻と形のいい頭まで手に入る

フランスの哲学者パスカルは有名な言葉を残しています。

「クレオパトラの鼻がもう少し低かったら（原文では「短かったら」）、大地の全表面は変わっていただろう」

この言葉、一般には、絶世の美女とうたわれたクレオパトラの鼻が少し低く、それほどまでの美貌でなかったなら、カエサルなどが彼女の虜になることはなく、世界の歴史は変わっていただろう、という意味にとられています。

もっとも、鼻が高いか、低いか（長いか、短いか）は欧米では美醜を判断するものではないため、これはクレオパトラの美しさについて触れた言葉ではない、というのが現在では通説となっているようです。

どちらにしても、少なくとも、日本人にとっては「少し高い鼻」は憧れでしょう。しかし、鼻についても「生まれつきのもので、いまさら高くなんかなら

ない」と思っていませんか？

ところが、頭と顔の形が変わったら、鼻も高くなるのです。

頭と顔の形を変えるのは、おもに頭の側頭部にある側頭筋や鎖骨から首に走っている胸鎖乳突筋《きょうさにゅうとつきん》（43ページ参照）という縦に伸びる筋肉です。これらをわたしは「縦筋」と呼んでいます。Ｐａｒｔ２で紹介するエクササイズによって肩甲骨を下げ、首を細く伸ばしていくと、縦筋が発達してくるのです。

縦筋のひとつである側頭筋はイチョウの葉のような形をしていて、頭がい骨を左右から持ち上げて引き締めます。その結果、鼻骨が前に出てきて鼻が高くなり、後頭骨が後ろに出て後頭部の形がよくなります。

さらに、鼻骨が前に出ると、頬にある小頬骨筋、大頬骨筋などもズレて、頬を後方に引っ張って引き締める働きをしますから、鼻の高さをさらに印象づけることに一役買うことになります。

顔全体の筋肉が後ろに引かれますから、おでこの形もきれいになり、シワも伸びてはつらつとした聡明な表情になります。顔の比率も変わってきます。

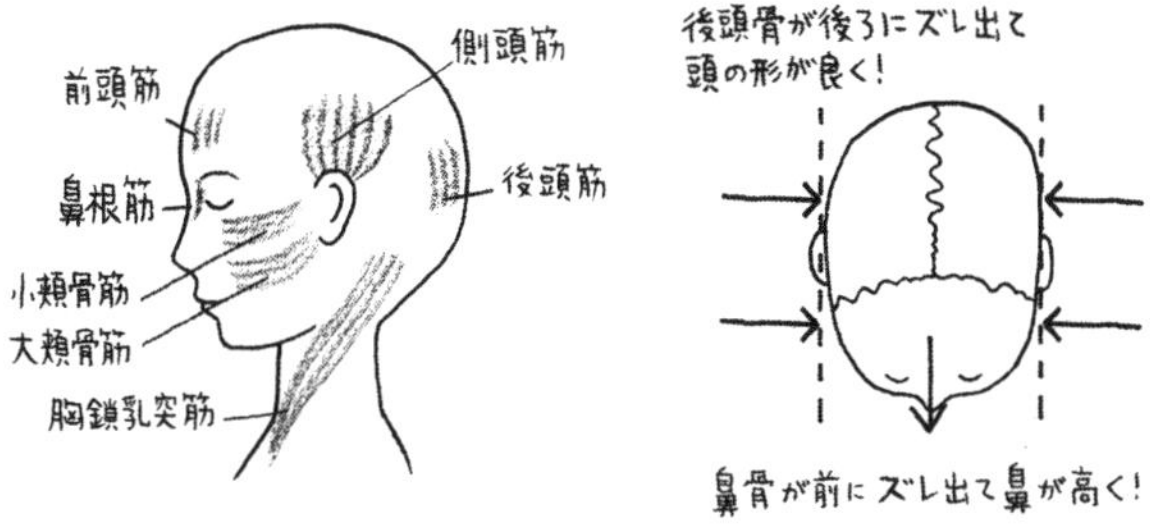

骨と筋肉が連携して頭がい骨が変わる。

理想的な顔の比率は、「おでこ（額）」対「眉から鼻まで」対「鼻からアゴまで」が1対1対1だといわれています。この「黄金比」に近づいていくのです。

鼻骨が前に出ることと連動して、後頭部もきれいに後ろに張り出します。ゴムボールを左右から押さえると、球体ではなく、前後に伸びた形になりますね。

側頭筋が左右から働くと、骨も動いて、それと同じことが起こるのです。

「小顔づくりをすると、ほかにもいっぱい〝いいこと〟がついてくるんだ!」

まさにそのとおり。繰り返しになりますが、**骨は連動していますから、いいことがいくつも起きて当然なんですよ!**

小顔のキーワード「アゴ」「舌」「肩甲骨」の関係

小顔をつくるうえで重要なのがアゴ、舌、肩甲骨、胸骨です。少し難しいですが、なぜ「アゴを引く」と小顔になるのかという理解をさらに深めるために、これらのお話を少ししましょう。

アゴは次ページのような構造になっています。上アゴはひとつのつながった骨ではなく、真ん中に縫合があって左右2つに分かれています。

上アゴと下アゴはしっかりつながっていると思っているかもしれませんが、じつはそうではなく、下アゴは細い腱状の筋肉で上アゴと連動し、ぶら下がっている状態になっています。そのため非常に動きやすく、下アゴを後ろに引くことができるのです。

ここでもっとも重要なポイントになるのが舌骨《ぜっこつ》（下アゴと咽頭《いんとう》のあいだにあるU字形の骨。舌の基底にある）です。

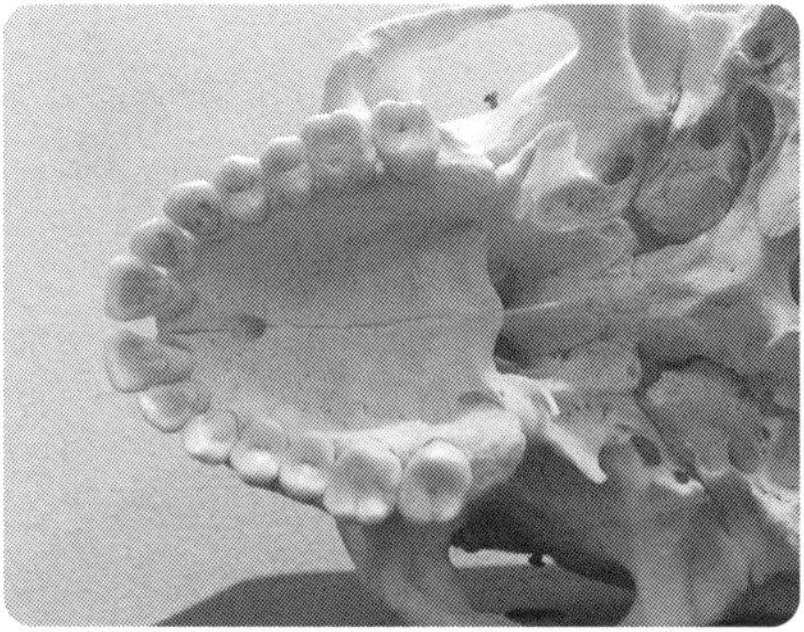

上アゴ

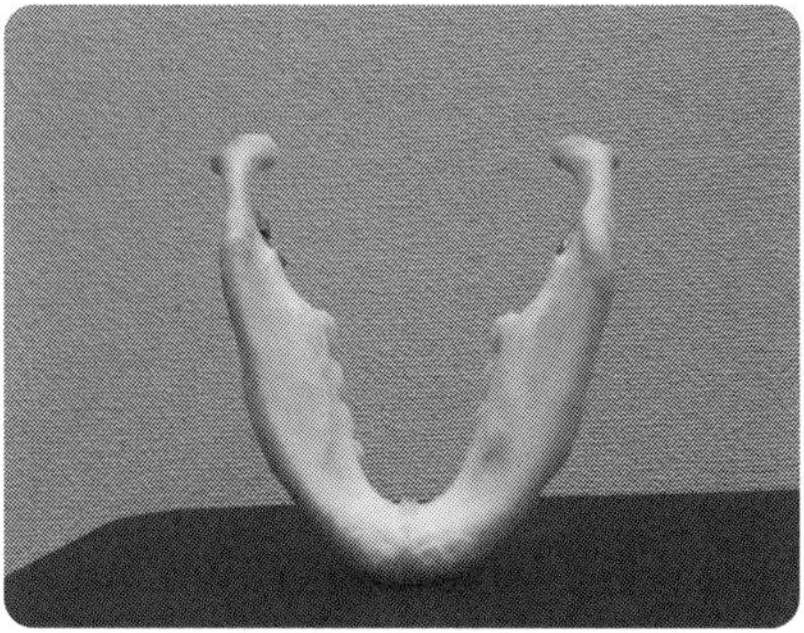

下アゴ

下アゴは上アゴとつながっておらず、腱状の筋肉で支えられているので動きやすい。

舌と顔の大きさがかかわっているなんて、怪訝に思う人がいるかもしれませんね。しかし、アゴの周囲には「舌」と関連の深い筋肉がたくさんあります。下アゴの骨の下を覆うようについている顎舌骨筋《がくぜっこつきん》や顎二腹筋は、下アゴを後ろに引く働きや舌骨を上に上げる働きをしています。肩甲骨の上部から舌骨体に伸びている肩甲舌骨筋《けんこうぜっこつきん》は、舌骨を後方に引く作用を担っています。また、顎二腹筋の後ろ側に沿って舌骨にいたるのが茎突舌骨筋ですが、舌骨を上に引いたり、後ろに引いたりする働きをしているのがこの筋肉です。

耳慣れない筋肉の名称をあげたので、戸惑っている人もいると思いますが、ここではアゴの周辺にはさまざまな筋肉があり、舌とも関連していて、それらはアゴの位置にも影響を与えているのだ、ということを頭に入れておいてください。

肩甲骨と顔の大きさとの関係については、すでにお話ししましたが、もうひとつ重要なことがあります。それは、いまあげた**アゴまわりの筋肉は、じつは肩甲骨とつながっている、ということです。**

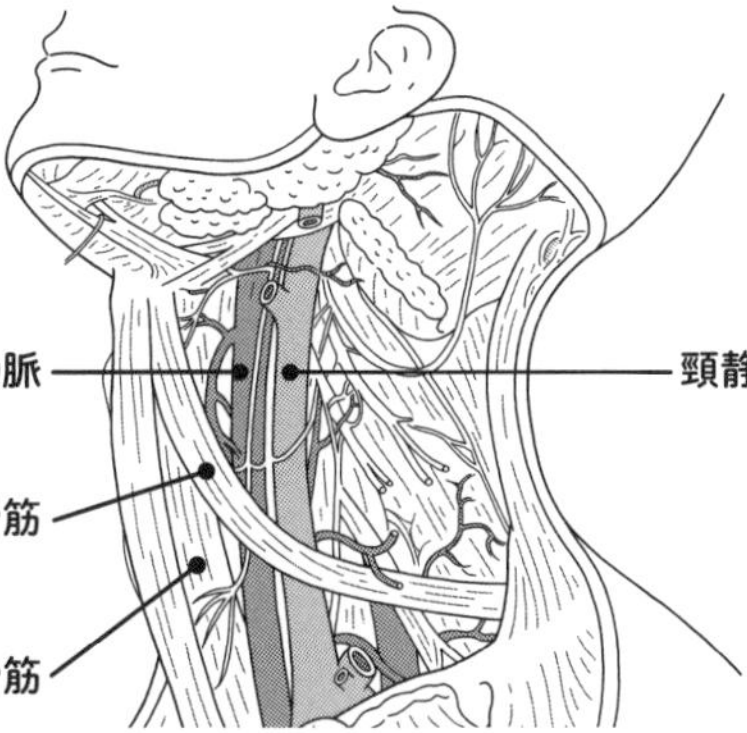

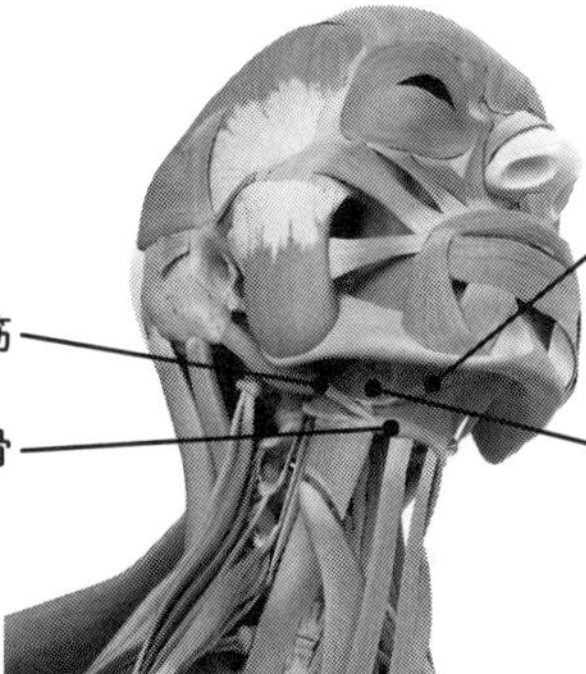

アゴの周囲にある筋肉は肩甲骨とつながり、
小顔づくりに大きな意味を持つ。

つまり、アゴまわりの筋肉や胸の上の鎖骨につながる胸骨舌骨筋《きょうこつぜっこつきん》などの縦筋がしっかり上に伸びるようになると、肩甲骨は自然に下がって正しい位置に整うのです。

その波及効果については「肩甲骨を下げると、顔はどんどん小さくなる」の項目で説明したとおり。結果的にアゴが引かれて、顔が小さくなります。

その際、パワーを発揮してくれるのが胸鎖乳突筋という縦筋です。

胸鎖乳突筋とは、その名のとおり、胸骨と鎖骨から始まり、頭がい骨の側面にある側頭骨まで走る筋肉。

胸鎖乳突筋がしっかり伸びると、首は細く長くなり、また後頭部が後ろに引けるようになるわけです。**後頭部が後ろに引けると、それと連動してアゴも引き上げられて後ろに引けます。逆に、ゆるむと後頭部が後ろに引かれませんから、アゴが落ちて前に出るのです。**

アゴが落ちて前に出れば、顔太り、頬太りにもなりますし、アゴまわりにも余分な肉や脂肪がついて二重アゴや首太りの原因にもなります。

「猫背」のままでは一生小顔になれません

肩甲骨を下げることは、骨格にも筋肉にも働きかけて、肩こり、首こり、猫背を防ぎ、小顔をつくるもっとも効果的な方法です。ただし、すでにいま猫背だという人はいきなり肩甲骨を下げようとしても、なかなか下がりません。

猫背のために、肩関節や肩甲骨まわりの筋肉が硬くなったり、背骨を支える脊柱起立筋が硬くなってしまっていたりするからです。

いまはコロナ禍で仕事がリモートワークになっている人も多いのではないでしょうか。**どこにも出かけず、パソコンなどに向き合う時間が長くなり、ずっとうつむいた前かがみの姿勢を取っていると、猫背の度合いがひどくなります。**

猫背チェック、そして、解消は必須の課題です。

猫背解消には、まず、肩甲骨がある上半身の関節や筋肉がしなやかに動くようにしてあげることが大切です。そのためのポイントはじつは〝下〟から攻めることです。下半身の骨盤、股関節のズレやゆがみを直して、正しい位置に整える。**下半身のゆがみをとり、シンメトリー（左右対称）にすることで、上半身もほぐれて動きやすくなり、肩甲骨を攻めやすくなるのです。**

また、関節や筋肉を動かすために効果があるのが、手足の末端をほぐすことです。**Part2で紹介する「指回し」などで指をほぐしていくと、肩関節や股関節もほぐれやすくなります。**末端から中心へ。これも、ぜひ、覚えておいていただきたい重要なポイントですね。

肩関節、股関節の動きがよくなれば、背骨もほぐれて全身の筋肉の動きもよくなります。そうなったら、肩甲骨を下げるのも、もう、難しくない！

背骨や下半身を整えると同時に、末端からもほぐしていく。その組み合わせで猫背は直りますし、肩甲骨も下がるようになり、首も伸び小顔に近づいていくのです。

実際、「猫背を直したい」とわたしのサロンに通われるようになって、「あれっ、顔がこんなに小さくなっちゃった」という人がたくさんいらっしゃいます。

小顔づくりでは猫背を直すのと同時に、それをキープし、いつもいい姿勢でいることも大切なポイントになります。いい姿勢というと「気をつけ」の姿勢を連想するかもしれませんね。

しかし、それは誤解です。肩が張っていたり、背中や腰に余計な力が入っている。それが気をつけの姿勢なのです。**小顔につながる「いい姿勢」は、それとは違い、どこにもリキみがなく、美しく、しなやかさを感じさせる姿勢です。**

それを象徴するのが、肩甲骨が下がった美しい背中。そう、いい姿勢の人は〝背中美人〟なのです。いつもその姿勢を保っていると、顔のまわりにたくさんある縦筋が発達し、よく働くようになります。

「小顔キープ」には、股関節の存在が欠かせない

顔の大きさと股関節には深いかかわりがある。そういっても、首を傾げる人が少なくないかもしれませんね。

「だって、股関節って下半身でしょ？　それが顔の大きさと、いったいどうかかわっているの？」

順を追って説明していきましょう。**股関節は、大腿骨《だいたいこつ》（太ももの骨）のつけ根にある球関節です。**下半身の大腿骨は股関節を介して骨盤と結合しています。上半身の重みを下半身に伝えるのが股関節といってもいいと思います。

股関節が正しく整っていれば、下半身は上半身の重みをバランスよく受けとめることができます。ところが、股関節がゆがんでいると、伝わる重みのバランスが崩れますから、下半身に余計な負担がかかることになって、脚の骨にもゆがみやズレが起きてきます。

（骨盤）

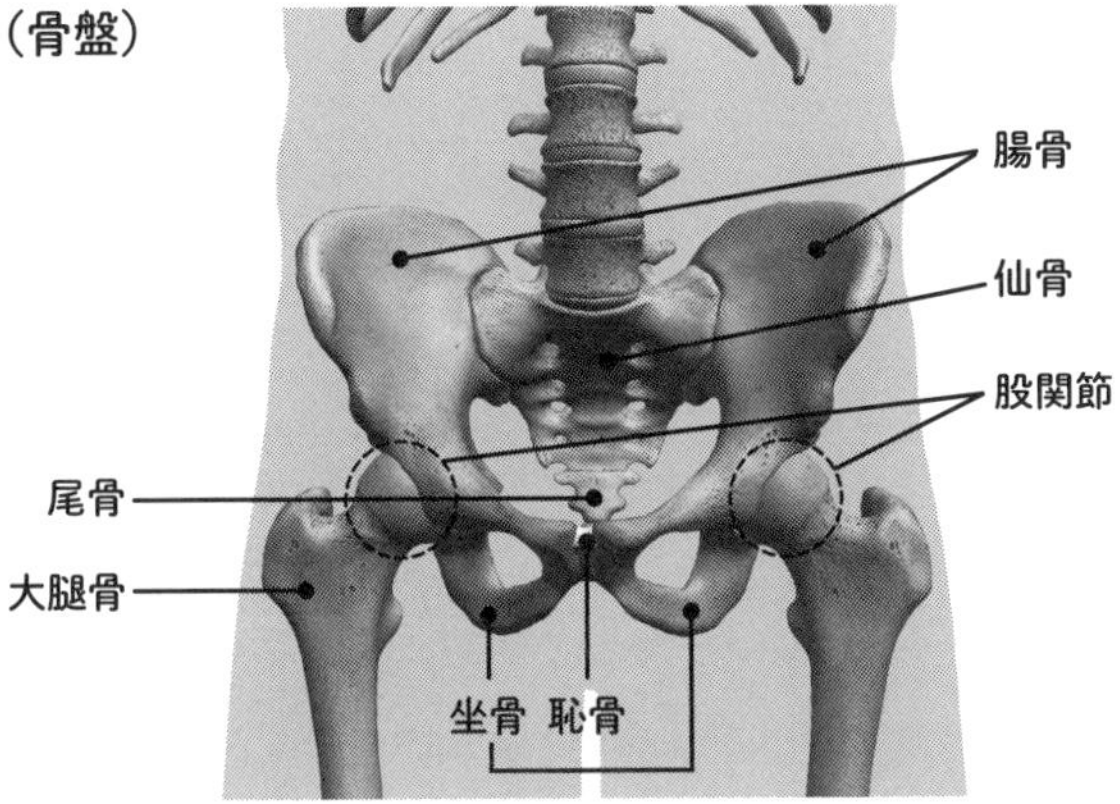

股関節がゆがむと全身のバランスが崩れ、
顔もゆがんで大きくなる。

今回のテーマとは外れるので詳しい説明は省きますが、X脚やO脚、XO脚といった脚の曲がりや太い脚も、四角いお尻やいわゆる出っ尻も、じつは股関節のゆがみが原因になっています。

股関節のゆがみは上半身の顔にも影響を与えます。まず、股関節とつながっている骨盤が、ダイレクトに影響を受けます。骨盤はひとつの骨ではなく、5つの骨が組み合わさってできています。腸骨《ちょうこつ》、仙骨《せんこつ》、尾骨《びこつ》、恥骨《ちこつ》、坐骨《ざこつ》がそれです。

骨盤の真ん中にある仙骨は脊椎

（背骨）の下部にあり、関節（仙腸関節）で腸骨とつながり、背骨の上部は頸椎（首の骨）であり、さらに頸椎は頭がい骨を支えていますから、骨盤のゆがみによる影響はそれらすべての骨にも及ぶことになります。

股関節のゆがみが骨盤のズレをもたらし、脊椎や頸椎の前傾につながっていく。それが肩甲骨を盛り上げ、下アゴを前に出し、大きな顔をつくり出している。なんだか〝長い道のり〟のようですが、すべてがつながっているため、ひとつを改め、整えたら、一挙に改善に向かうということも、ぜひ、理解してくださいね。

股関節を整えることで、そうした〝悪循環〟のもとが断たれます。

脚はまっすぐ伸び、関節の隙間も広がって長くなり、両脚にもバランスよく重みがかかるようになって、筋肉の負荷が減り、細くなるのです。

顔そのものが小さくなるのに加えて、脚がスラリと伸びて長くなったら、見た目の顔はさらに小さく感じられるようになります。まさに〝相乗効果〟です。

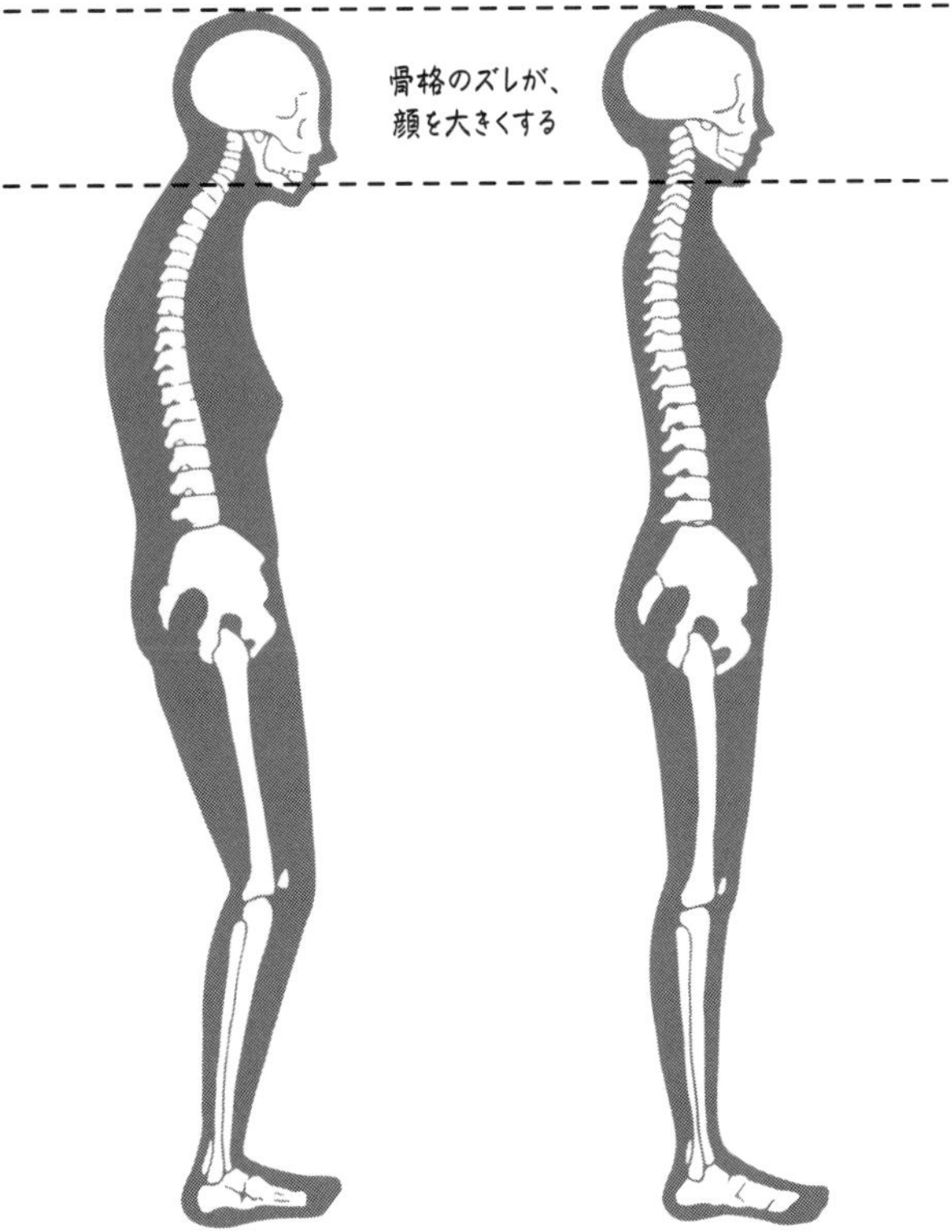
骨格のズレが、
顔を大きくする

股関節を整えると、むくみやゆがみまでスッキリ消える

パンパンにむくんだ大きな顔。これもぜひ解消したいテーマです。原因はまず前首。首が前傾していると、それを支えるために肩、首まわり、背中にかけての筋肉の負担が増し、硬くなってしまいます。

とくに背中から肩、首まで広がっている僧帽筋が硬く、厚くなると、血液やリンパの流れが悪くなります。**顔がむくんで腫れぼったくなるのは、血液やリンパがとどこおるからです。**

全身の循環が悪くなり、筋肉がしなやかさを失うと、頭はさらに下がり、顔の皮膚もたるんできますし、さらにアゴもたるんで二重アゴになったり、下ぶくれの顔になったりします。

でも、原因はひとつ、前首になっていることにあるのですから、対処法ははっきりしています。前首の状態を正す。首を立て、背骨から首、頭までのライ

ンを正しいS字カーブに整えるのです。

骨格が整ったら、首、背骨、顔、頭にかかわっている縦筋が十分に働くようになり、筋肉もほぐれてしなやかになって、血流、リンパの流れもスムーズになるのです。

その結果、顔のむくみや二重アゴ、下ぶくれといった小顔の〝敵〟も、どんどん解消されていきます。

顔の印象を悪くしている要素にはゆがみもあります。左右のアンバランスですね。顔の左右がきれいにシンメトリー（対称）になっている人はめったにいませんが、違いが大きすぎると、やはり、見た目の印象は「なんだか変」というものになってしまいます。

顔のゆがみは全身のゆがみを反映しています。

左右の目の高さをチェックしてみてください。水平になっていなければ、肩も同じように左右どちらかに傾いているはずです。つまり、目の位置が左が高く、右が低いという人は、肩も左が高く、右が低くなっているものなのです。そうなっているのは、全身の骨格にゆがみがあるから。ゆがみを正すことで顔の左右のバランスも整っていきます。

もうひとつチェックしていただきたいのは口角です。左右の口角の位置はどうなっていますか。もし、右の口角が上がっていて、左の口角が下がっているなら、骨盤にも同じゆがみが起きています。そう、左右の口角の位置関係は骨盤の状態をあらわしているのです。

顔のむくみやゆがみをもたらしているのが、全身の骨格のゆがみであることは、理解していただけたでしょうか。ですから、**骨格のゆがみを正して、バランスを整えることで、顔のむくみもゆがみも改善します。**

全身の骨格を整えるうえでの最重要ポイントは、前項でも触れましたが股関節です。みなさんにこれから実践していただく小顔づくりエクササイズも、もちろん、そのことを土台に据えたものになっています。

体は顔にあらわれる

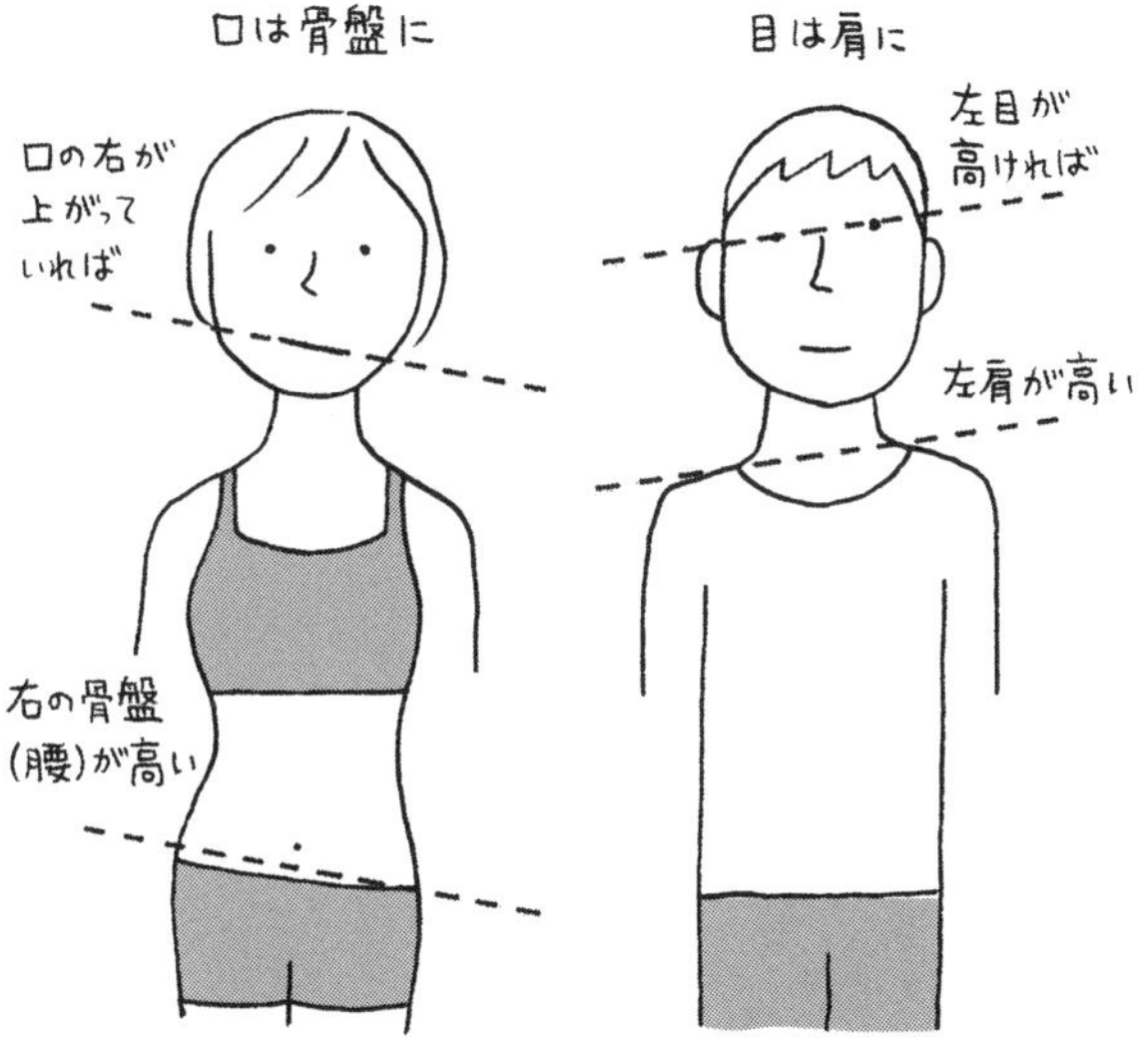
口は骨盤に
目は肩に
口の右が
上がって
いれば
左目が
高ければ
左肩が高い
右の骨盤
(腰)が高い

＼コラム／

エラが張っている人は体も四角いものです

エラが張っている人には、体にも共通した骨格的な特徴があります。いかり肩で前かがみの姿勢、つまり、背骨のS字カーブが深く前のめりになっているため、背中が広く、腰も四角く横に張り出しています。

首が前傾しているのも特徴。顔が前方に出て下がり、頭がい骨のアゴの骨が前に出ています。下アゴの先端の中央部にあるオトガイ筋も発達して、いっそうアゴが前に出た印象を与えます。さらに下アゴの骨を支えている筋肉（腱）がゆるみやすいため、アゴはより前に出やすくなります。

このように上下のアゴのズレが大きくなると、骨のゆがみのため周辺の筋肉が弾力を失って硬くなり、アゴに痛みを感じたり、口が開かなくなったりすることもあります（顎関節症）。エラ張り顔には骨格的なズレの問題、筋肉の問題があるのですが、これも本書のエクササイズで解消できるのです。

Part 2

小顔をつくる
10の
エクササイズ

黄金比率の小顔を自分でつくる方法

人間の顔には〝黄金比率〟があること、ご存じですか？　黄金比率とは、顔でいえば目や鼻、口の位置のバランスがいい比率のことです。

正面から見て、縦のラインの黄金比率は、**「額から眉上」まで、「眉から鼻先」まで、「鼻先からアゴ」まで**。これらが1：1：1の割り合いであること。

横のラインの割り合いは、**「左こめかみから左目尻」まで、「左目尻から左目頭」まで、「左目頭から右目頭」まで、「右目頭から右目尻」まで、「右目尻から右こめかみ」までが一直線上に並び、1：1：1：1：1の割り合いであること。**これが美しい比率です。

この比率がある程度整っていれば、「小顔」への道はそう遠くはありません。多少黄金比率とは違っていても、整える〝スベ〟がわかっていれば問題なし。

体のあちこちを整えていくと少しずつですが、黄金比率の小顔になります。

黄金比率の小顔

横の場合

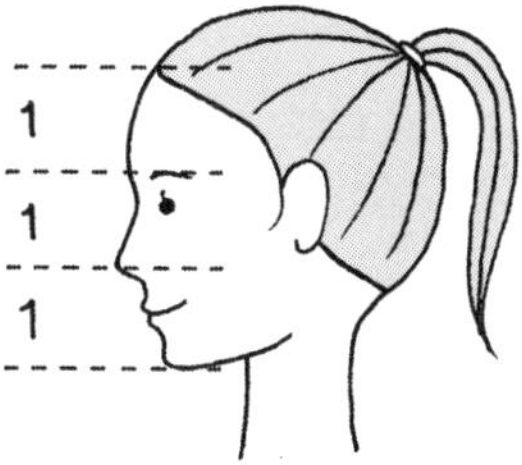

縦の場合

「ほんと？」と思う人はまだいるでしょうが、まずは始めてみてください。

これから紹介するのは、「アゴ」「舌」「肩甲骨」「ひじ関節」「股関節」に働きかけ、これらを囲む筋肉を連動させて動かす10のエクササイズです。

体にはさまざまな〝クセ〟がついています。日常の行動パターンが、そのクセをつくり上げているのですが、そこを意識して修正し、もとの状態に戻してやるのです。エクササイズはどれもやさしく、1分程度でできるものばかり。日々続けて、小顔をつくっていきましょう。

＼ 悩み別 ／

エクササイズ&マッサージ（Part3）索引

基本的には好きなものをできるだけ行うのでかまいませんが、「気になる悩み」を早く解消したいときは、下記を参考にエクササイズを選んでください。

＊Part3で紹介するマッサージも索引に入っています。

むくみ

顔のゆがみ

たるみ、ほうれい線

肌トラブル(肌荒れ、くすみ、クマ、ニキビ)、色黒肌

\ 1回で顔が引き締まる /

アゴ引き首のばし

1

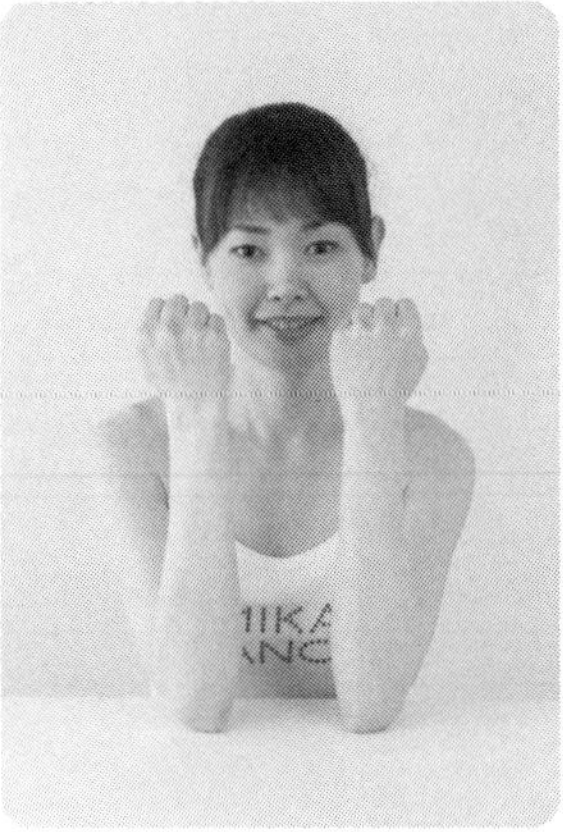

イスに座って、テーブルにひじを立て、両方の手を、軽く「ぐー」に握ってください。首から肩、背中の僧帽筋などの硬い筋肉を鍛えてしまう親指は４本の指で隠します。

下アゴと肩甲骨を連動させる動きで、肩甲舌骨筋（舌骨と肩甲骨をつなぐ筋肉）を後方に引き、顔全体を引き締めます。

2

唇下とアゴ先のあいだに両手のげんこつの第二関節部分をカポッと添えはめ込みます。脇はしめてください。

3

顔を下向きにして、げんこつの両手を一度下に押し込んでからげんこつの位置はそのままで、首を伸ばすイメージで顔を上げます。

4

首を伸ばし、顔は正面をキープし、体勢を整えます。

5

Point!
顔は少し動いてしまってもOK!

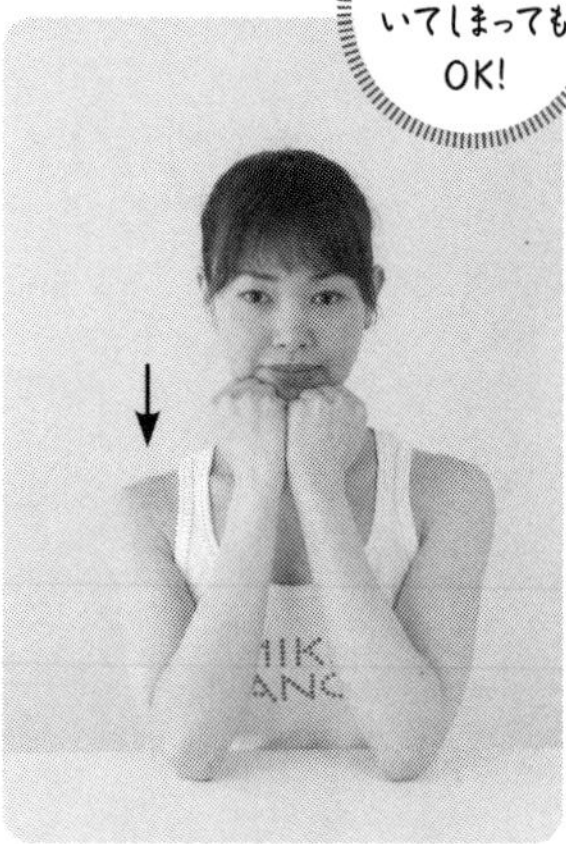

右肩だけを下へ下へと下げていきます。右の肩甲骨を背中の中央に寄せる意識で行います。お腹は引き、胸は上げ、肋骨も上げるようにしましょう。「1、2、3、4、5」と数えながら右の肩甲骨を下げた状態をキープし、1クール終了。一連の流れを3回繰り返します。

6

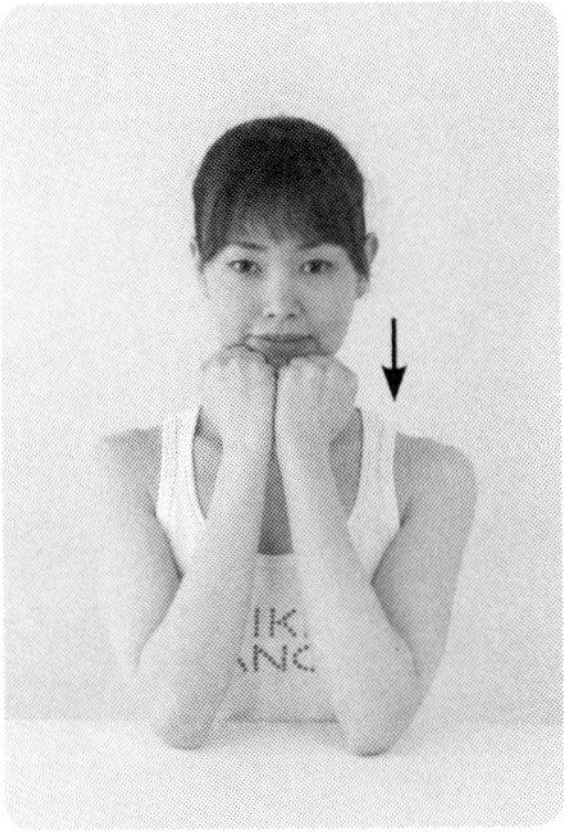

同様に、**1**、**2**、**3**、**4**を行い、今度は左肩を下へ下へと下げていきます。「1、2、3、4、5」と数えながら左の肩甲骨を下げた状態をキープする、これを3回繰り返します。

7

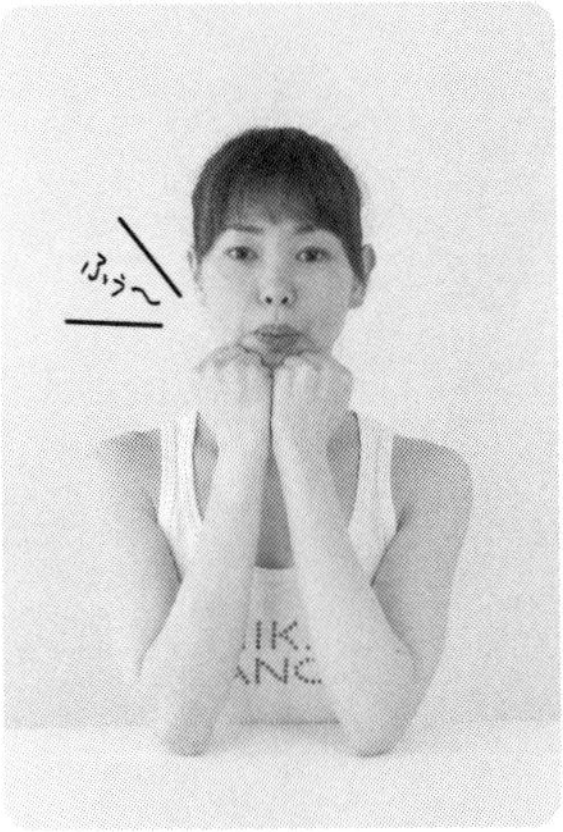

最後に口をすぼめて上方向へ息をふぅ〜と吐いて終了です。

＼ 舌を動かして効果大 ／

舌だしひじ回し

1

背筋を伸ばしてイスに浅く座り、お腹を引きます。右手をきつね手(中指の第一関節に親指を添え、ほかの4本の指は反らす)にして、ひじを曲げ、ひじ頭をウエストにつけます。左手はお腹に添えて、お腹が出ないように気をつけましょう。

2

肩や二の腕に力を入れず、指先を意識して首を伸ばしたまま、舌をできるだけ出します。

舌を思い切り前に出すと肋骨や胸骨が上がり姿勢が正しくなります。この状態で肩甲骨を動かすことで、アゴが引かれ肩甲骨も下がりやすくなるのです。

3

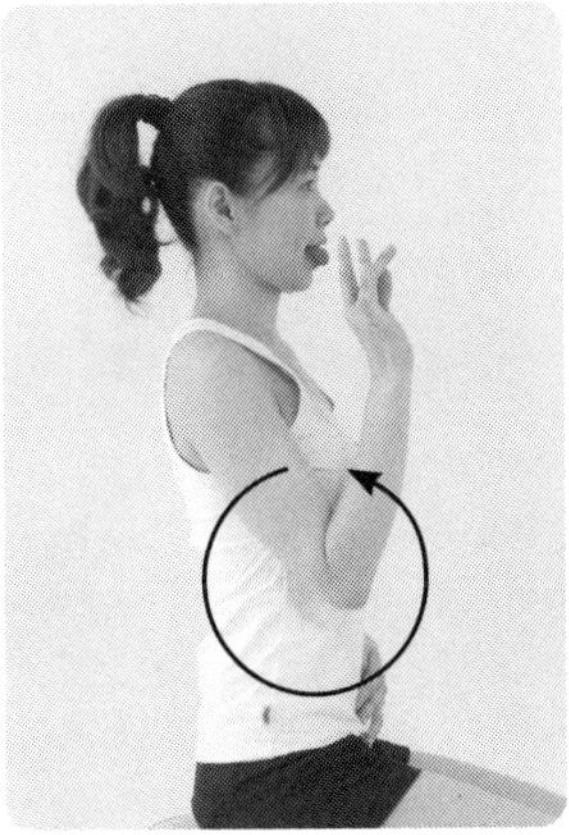

胸を上げ、ひじを下げながらウエスト横で円を描くように、前から後ろへクルクル。ひじを動かすと必然的に肩甲骨が動きます（肩関節や肩甲骨がほぐれてきたらひじがウエストまで下がってきます）。

4

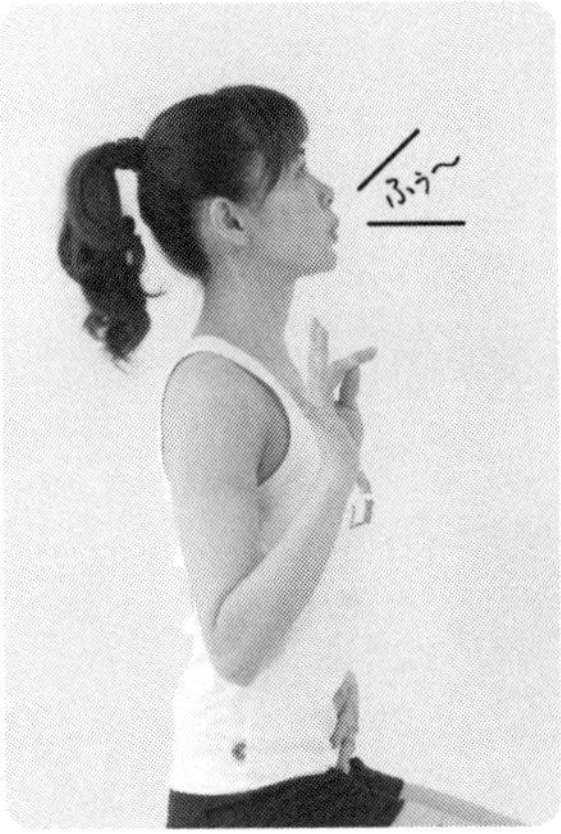

3の動きでひじを３回、回したら、息をフゥーっと上向きに吐きます。「３回クルクルフゥー」ここまでを３セット行いましょう。次に、右手と左手を逆にして、同様の手順で前から後ろへ「３回クルクルフゥー」を３セットで終了。

＼首の位置を正し、アゴが引ける／

肩ほぐし

1

背筋を伸ばして、足を肩幅より少し広めに開き、まっすぐに立ってください。足は小指側の側面がまっすぐになるよう気持ち内また気味に。ひざ裏をしっかり伸ばし、足の指を上げて、かかとに重心を置きます。

首を正しい位置に戻すことは、小顔の大敵である筋肉の働きの衰えを鍛え直すことにつながります。肩甲骨まわりの緊張をとき、猫背を直すのにも効果大。

2

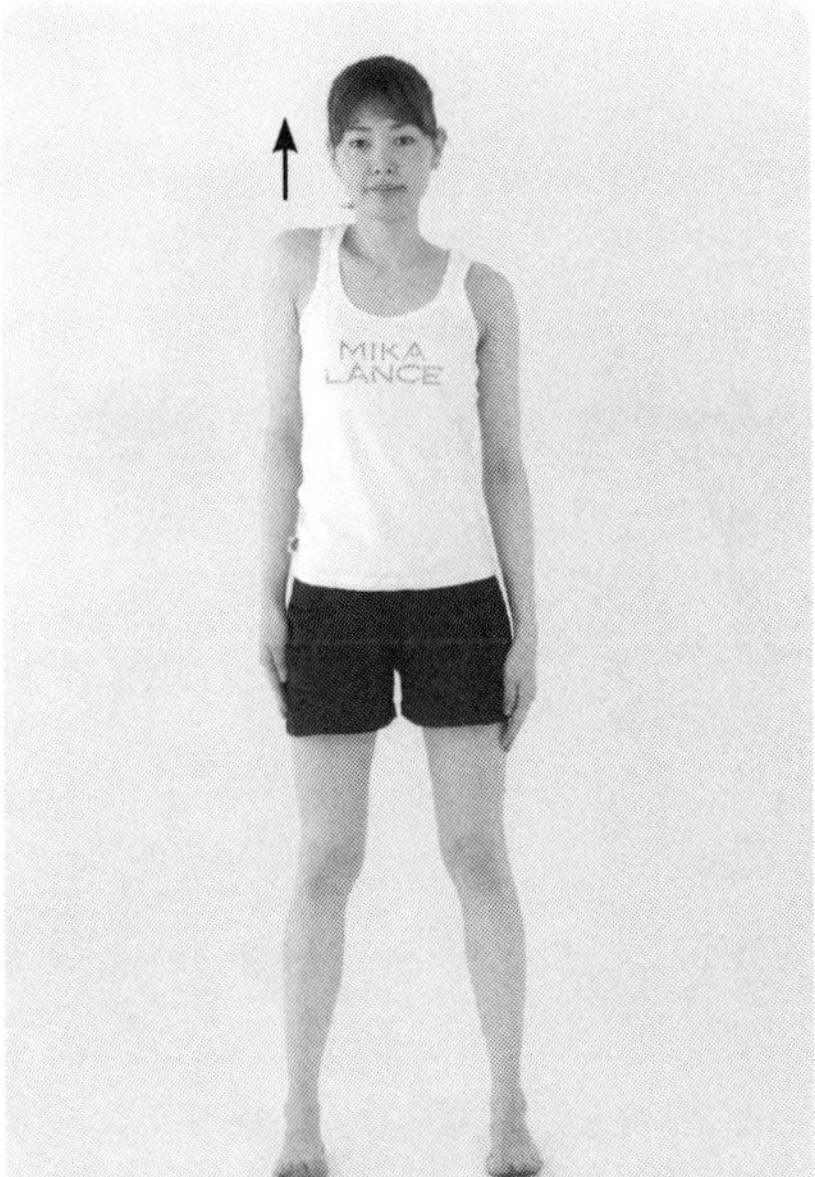

体の中心軸がブレないように気をつけて、右の肩先を右耳につけるくらいに上げます。「1、2、3、4、5」と5回上げたところで止めます。

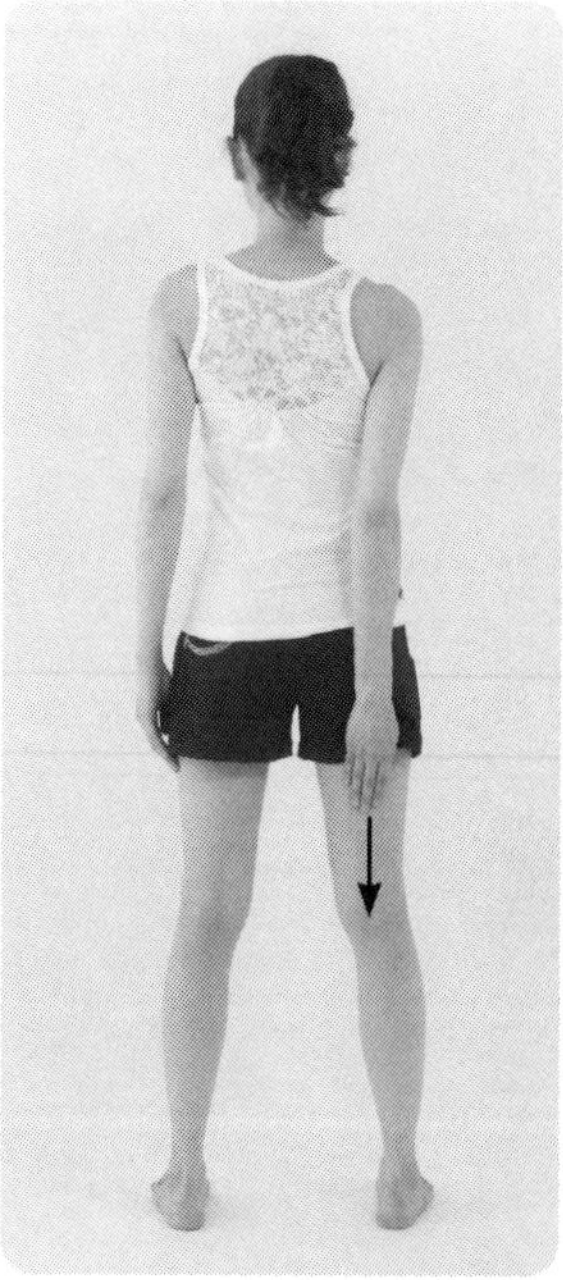

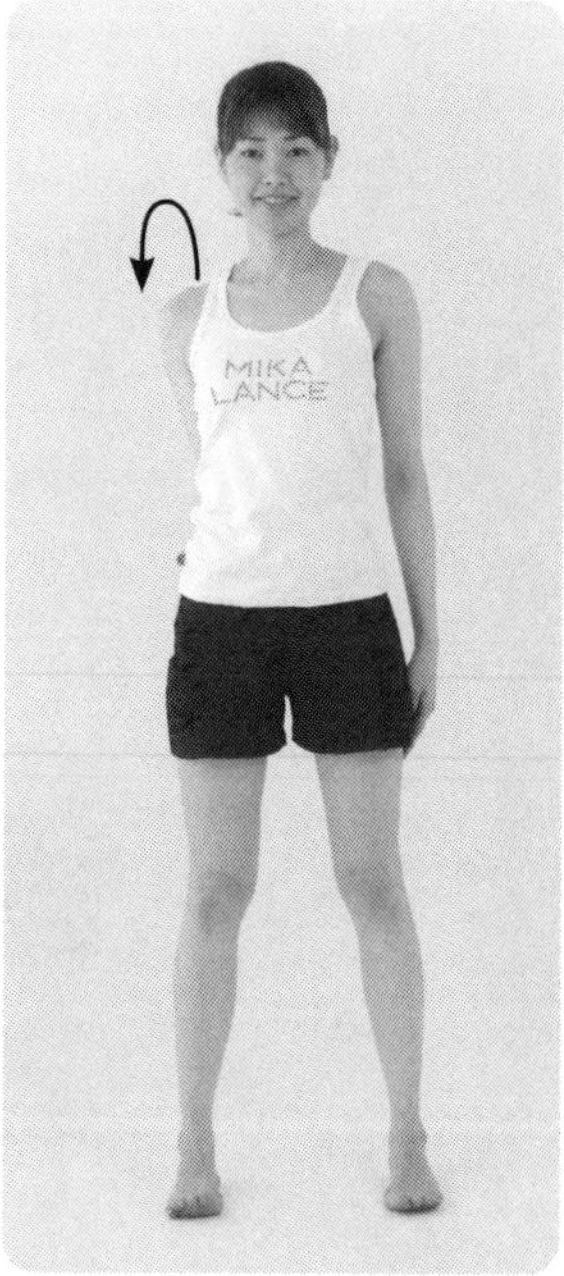

3 そのまま肩先と、腕を後ろに回して、肩甲骨と、腕を背中の中央に寄せます。右手の指先をお尻の下におろしながら、首を伸ばしてください。アゴを上げないように注意。

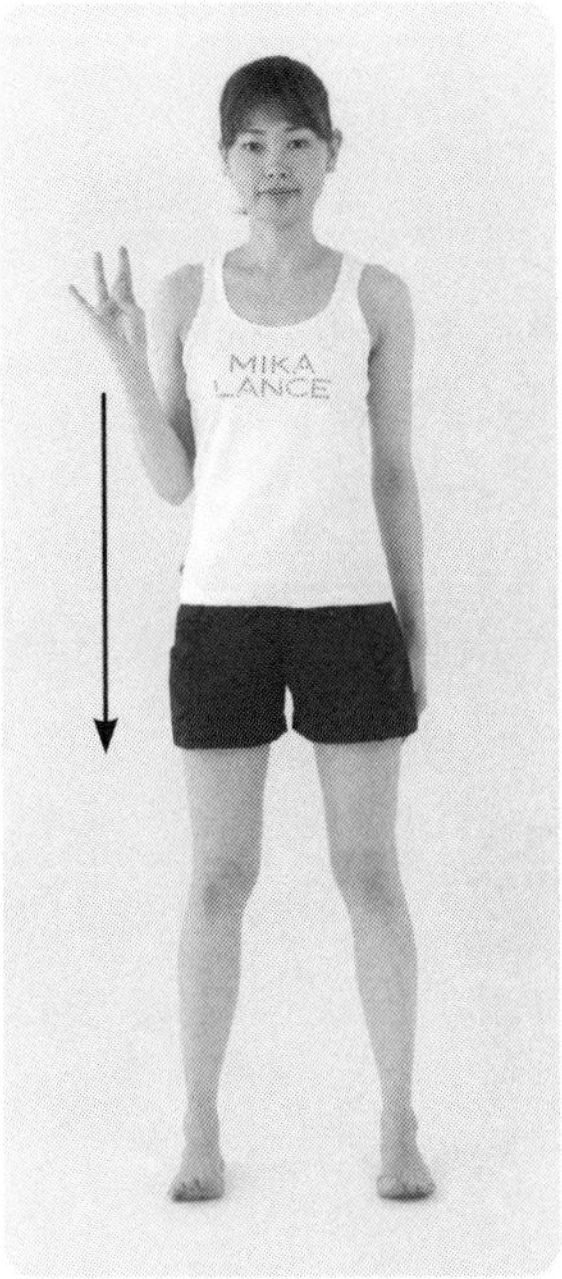

4 脇を締めて右腕を体につけ、ひじを曲げキツネ手(中指の第一関節に親指を添え、他の指は反らす)をつくります。キツネ手を内から外へ5回、回します。

5 手と腕を脱力させながらストンと腕をおろします。左側も同じように行い終了(キツネ手は内から外へ回す)。

前首を直し、頭を持ち上げる

首回し

1

右側に鏡がくるように、鏡の横に立ちます。足を肩幅より少し広めに開いて、背筋を伸ばし、足の指を上げて、足底に力を入れてください。

首から腰の椎骨まわりの脊柱起立筋をほぐし、前かがみの姿勢で前傾した首や背骨を調整します。肩こりや首こりにも効果大。

2

左手を腰に置きます。右うでを曲げて右ひじをウエストにつけ、手のひらを反して中指が鏡を向くようにします。

3

顔を正面から鏡の側に回します。顔を回したとき、鼻筋が中指と重なることを目標に、グルッと回します。顔の軸がブレないように。

Point!
できるだけ
力を入れずに

4 顔を正面に戻し、同様に2回、回したら、その位置からさらに後ろに首を回していきます。足底に力を入れ、ひざ裏を伸ばすと後ろに回しやすいです。

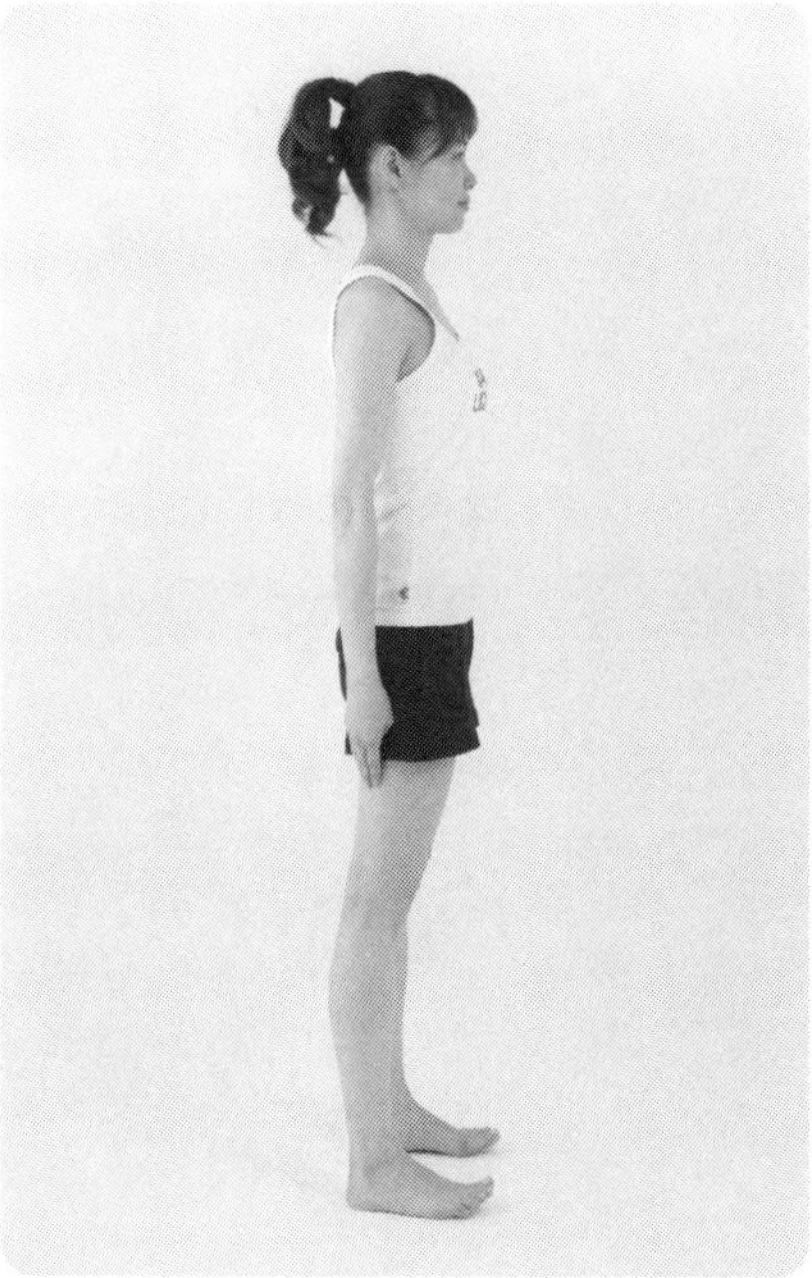

5 限界まで後ろに回したら、力を抜き顔を正面に戻します。うまく行うと力を抜いただけで、自然と顔が正面を向きます。手をおろします。ここまでを3セット行います。

6 体の向きを変えて、反対側も同じように3セット行って、終了。

＼肩甲骨を下げて寄せる／

ひねり手うで回し

1

椅子に浅く腰掛け、足幅を肩幅くらいに開いたら、左手をお腹に添えます。親指を手のひら内にしまって、右手をまっすぐに上げます。

アゴを引き、肩甲骨を下げる。これが小顔になるための絶対条件です。“腕をひねって動かす”独自の動きで、これを実現します。二の腕やせにも効果あり。

2

手の甲が自分側になるよう手のひらをひっくり返します。

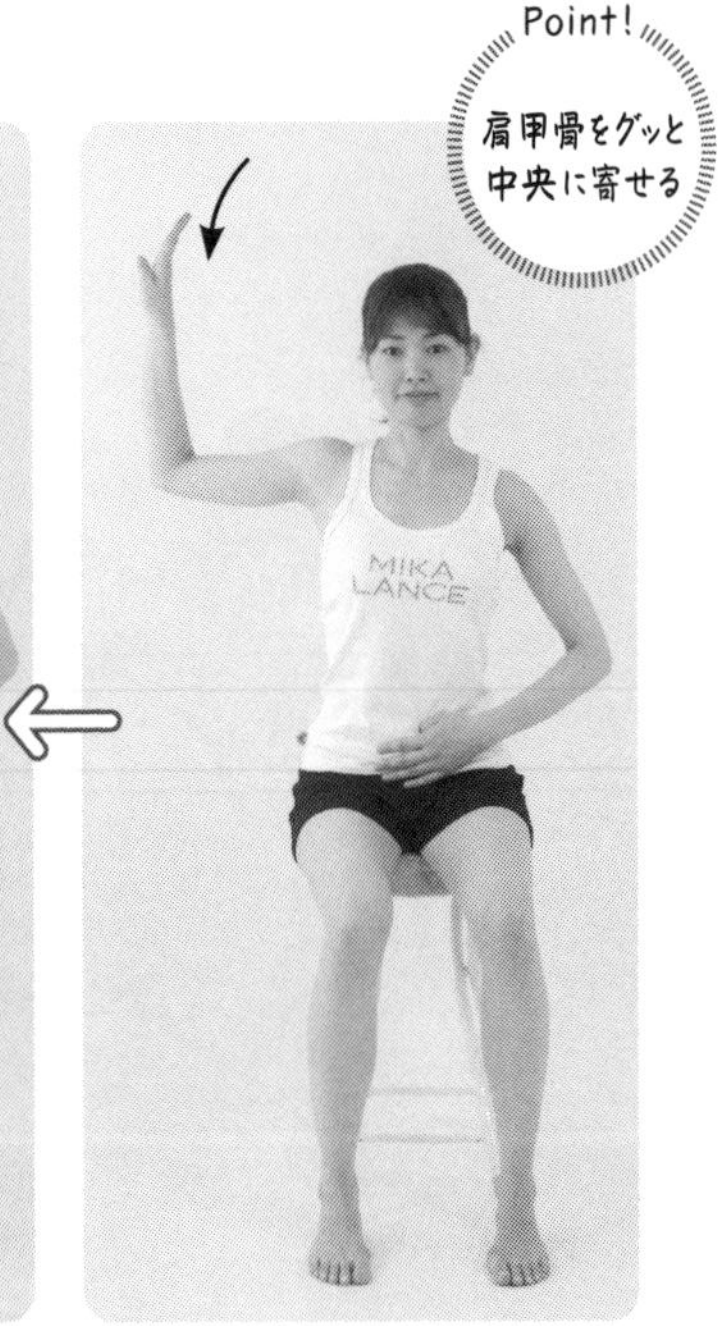

3 ひじを曲げながら後方に手をおろしていきます。
手をおろすときも、手の甲は自分の側を向くようにしてください。

Point!
“ひんにゃり”
となめらかに
動かす

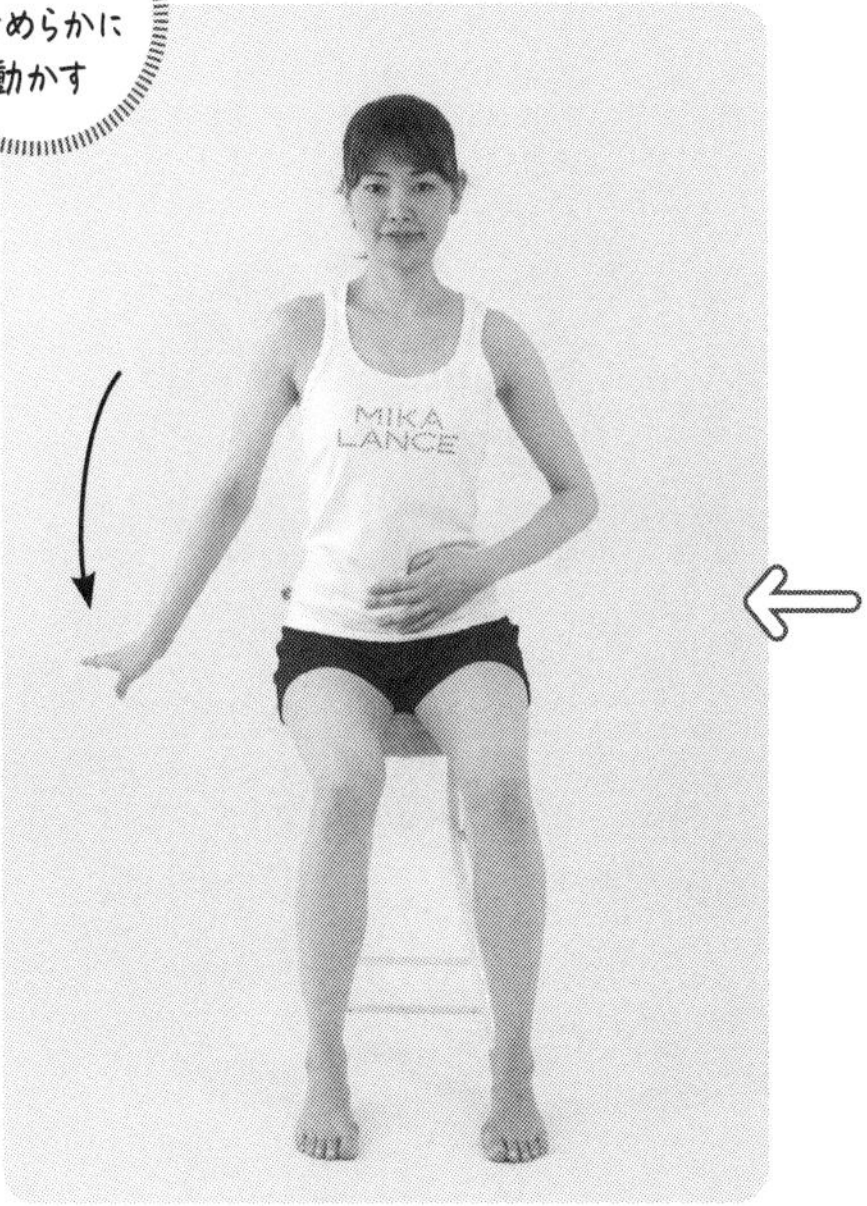

4 体を動かさないでなるべく後方下に手をおろします。
ここまでを3回行います。
手を変えて反対側も3回行って終了です。

＼肩甲骨を整え、背骨を伸ばす／

壁うで回し

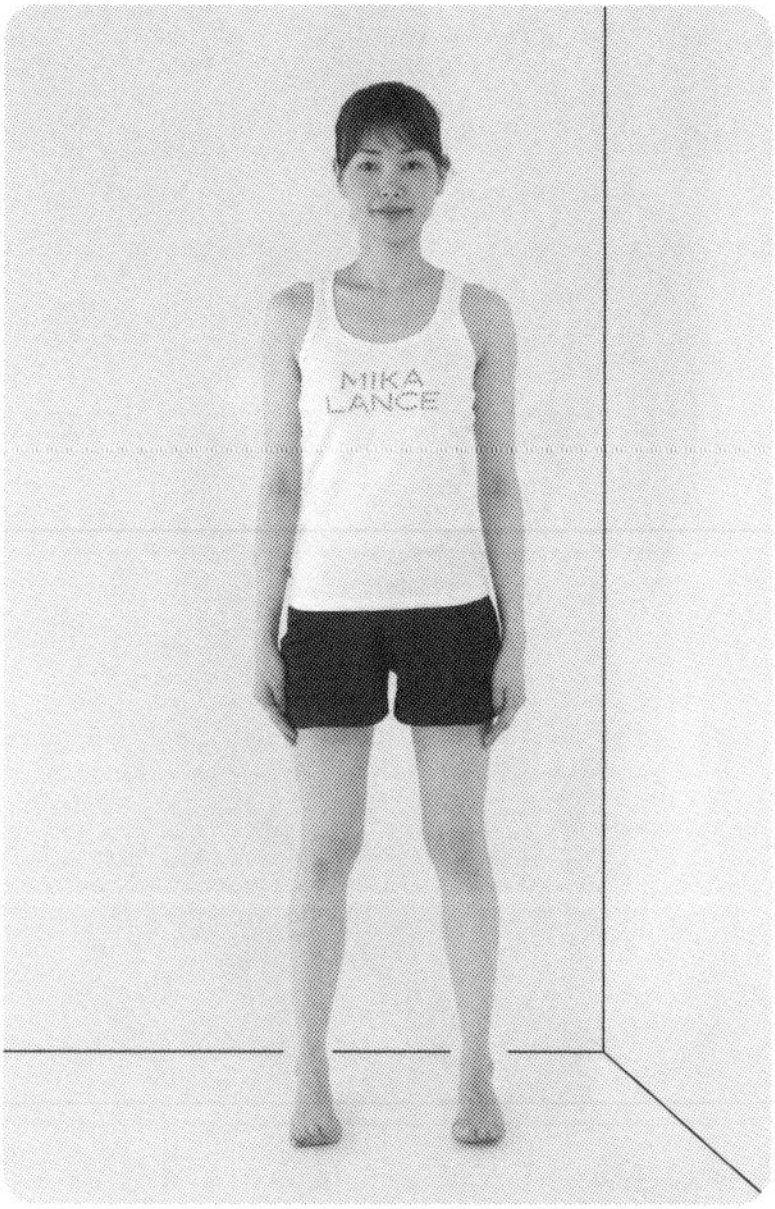

1 壁に直角になるように立ちます。この位置から腕を回していくので、壁からは少し離れて。脚は肩幅より少し広めにして、足の指を上げます。こうすることで重心のかけ方が正しくなります。

壁際に立って行うことで、重心がブレず、腕が回転し、肩がほぐれ、肩甲骨がしっかり下げられます。首から背骨のラインがすっと伸び、スッキリ小顔に。

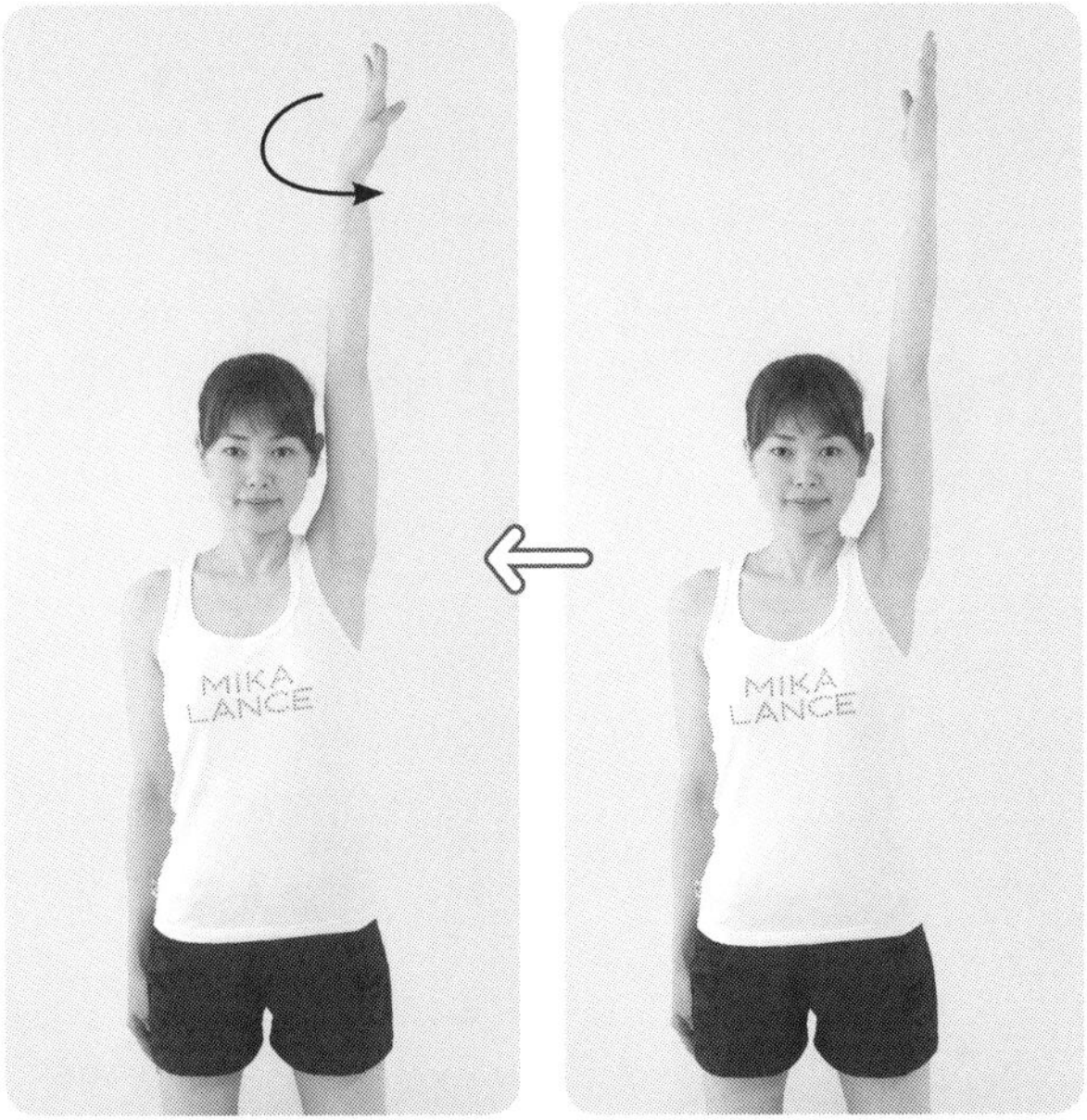

2 壁側の手を耳の横で高く伸ばします。手のひらが壁側を向くように手をひっくり返します。

3

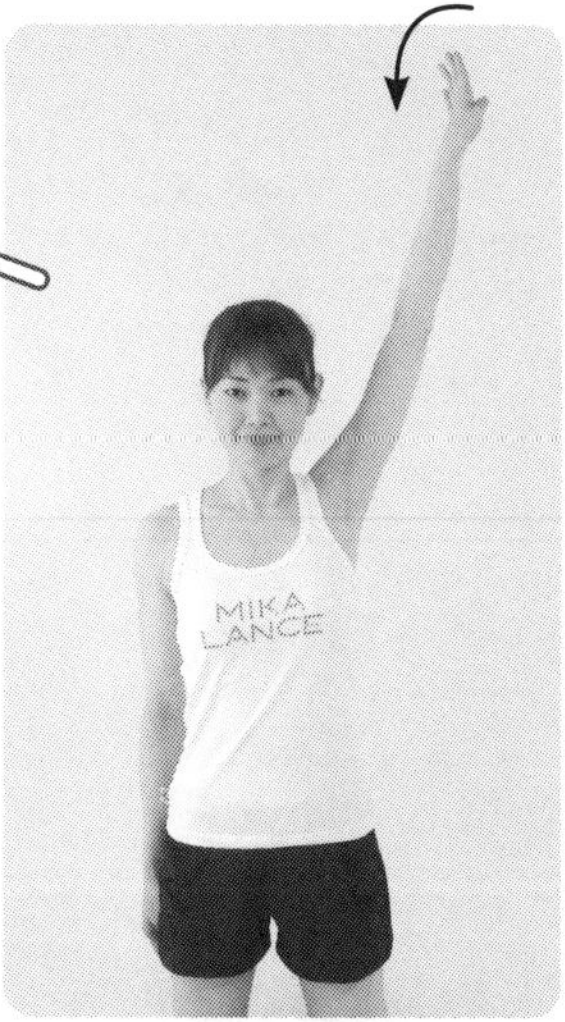

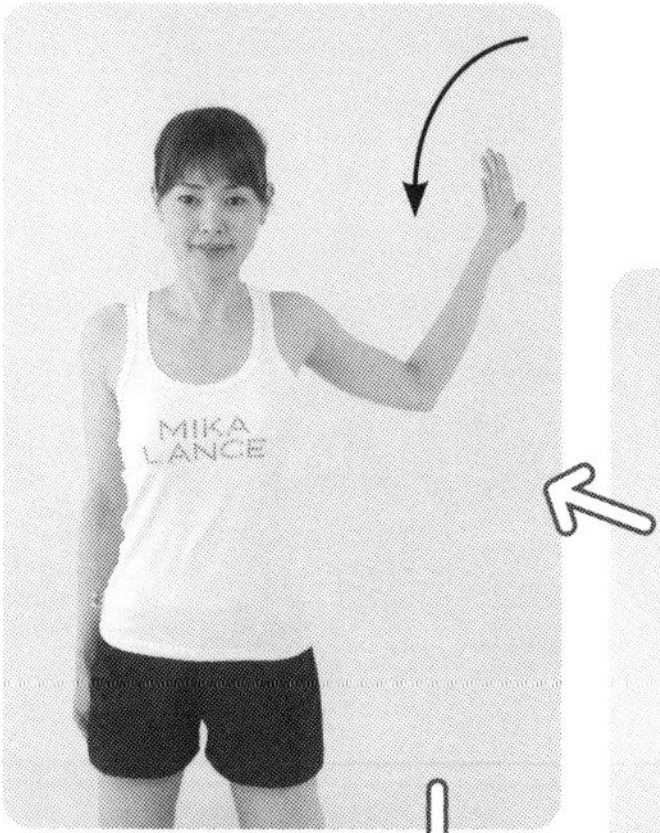

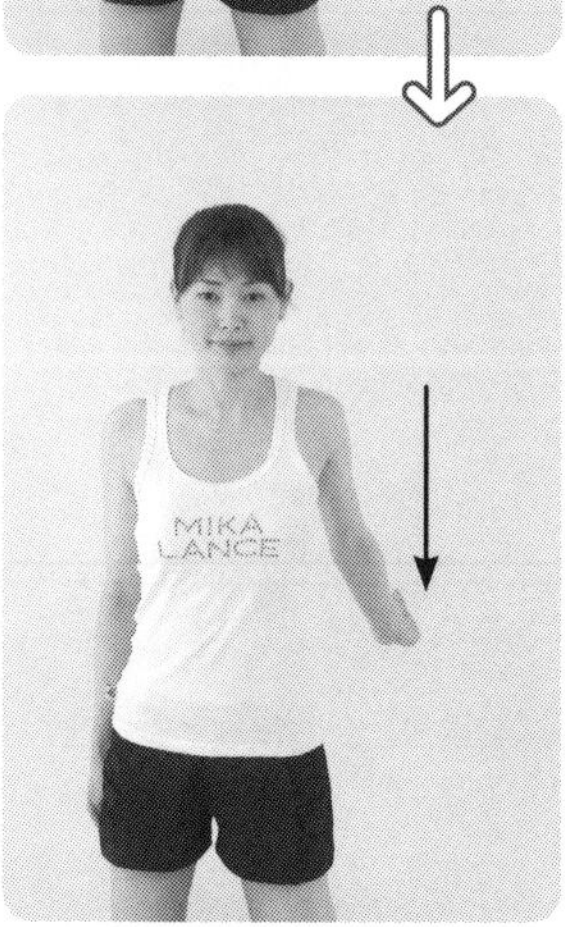

手のひらを壁向きにしたまま、体の後ろに大きく腕を回していきます。顔が前に出ないように気をつけて。

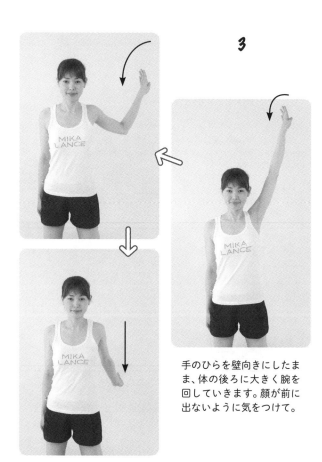

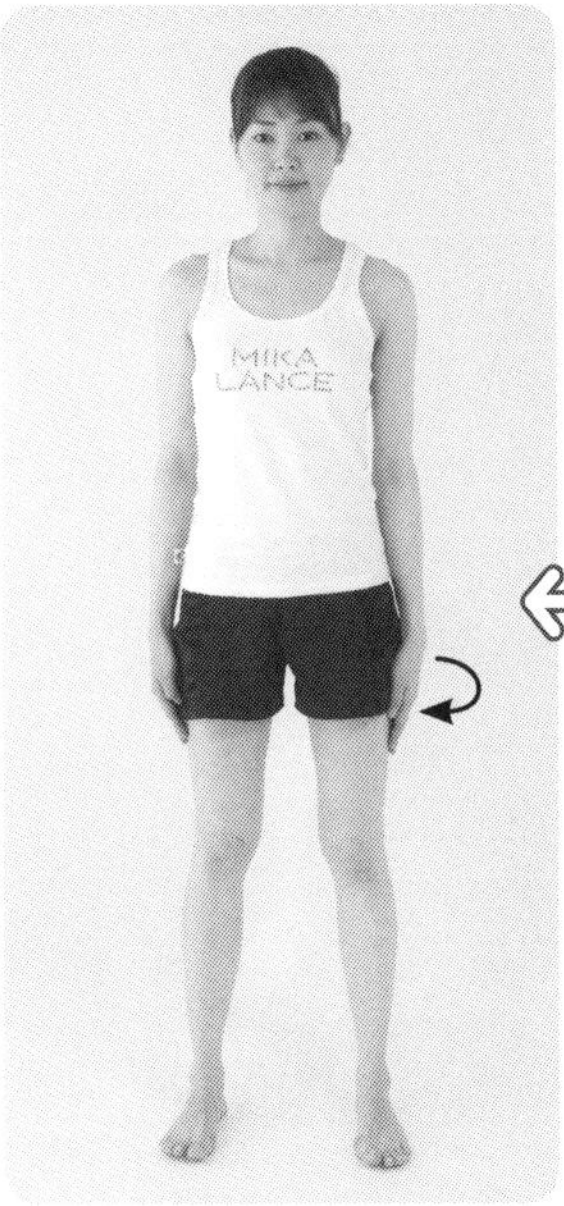

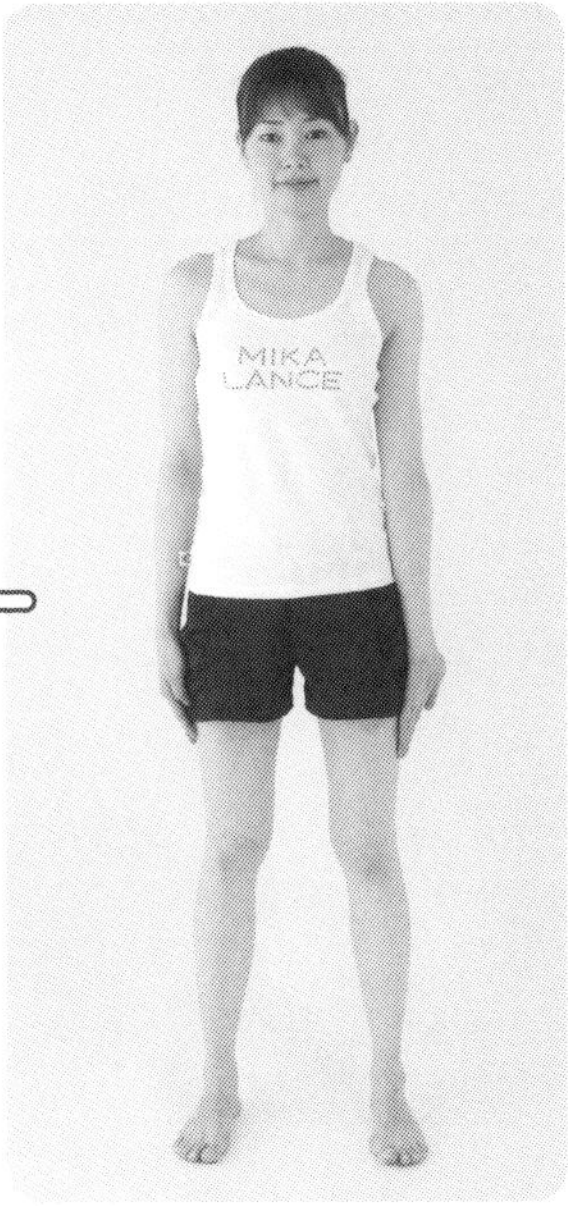

4 下まで回したら、手をひっくり返して手のひらを体の脇にしっかりとつけ、指先を伸ばして１クール終了です。ここまでを5セット行います。

5 体の向きを変え、もう片方の腕を同じように回しましょう。

顔を小さくする縦筋に効く

ひじ回し

1

肩幅に脚を開いて立ち、足指を上げます。左手をお腹に添え、右手は胸鎖乳突筋(腕のつけ根のコリッと触れるところ)に置きます。

2

右手の指でバスト上の筋肉を触ります。そこから手指を肩の前から後ろにすべらすように動かして、ひじをまっすぐ上げていきます。

首を長くほっそりさせる胸鎖乳突筋に働きかけ、さらに肩甲骨を下げる効果もあります。バストアップ、くびれづくりもできる最強のエクササイズです。

3

ひじをさらに上げ、ひじ頭が天井を向くまで上げて止めます。

4

お腹に添えていた左手で、右ひじ頭をカパッとつかみ、そのまま引き上げます。頭から10センチ程度引き上げるのが理想です。引き上げられるだけ上げたら、左手をもとのようにお腹に戻します。

5 体の中心軸がブレないように、胸を大きく張りながら、ひじを後ろへ大きく回します。肩甲骨が動き、肋骨が引き上げられることを十分に感じてください。

6

回しおえたらひじをウエスト位置に収めます。

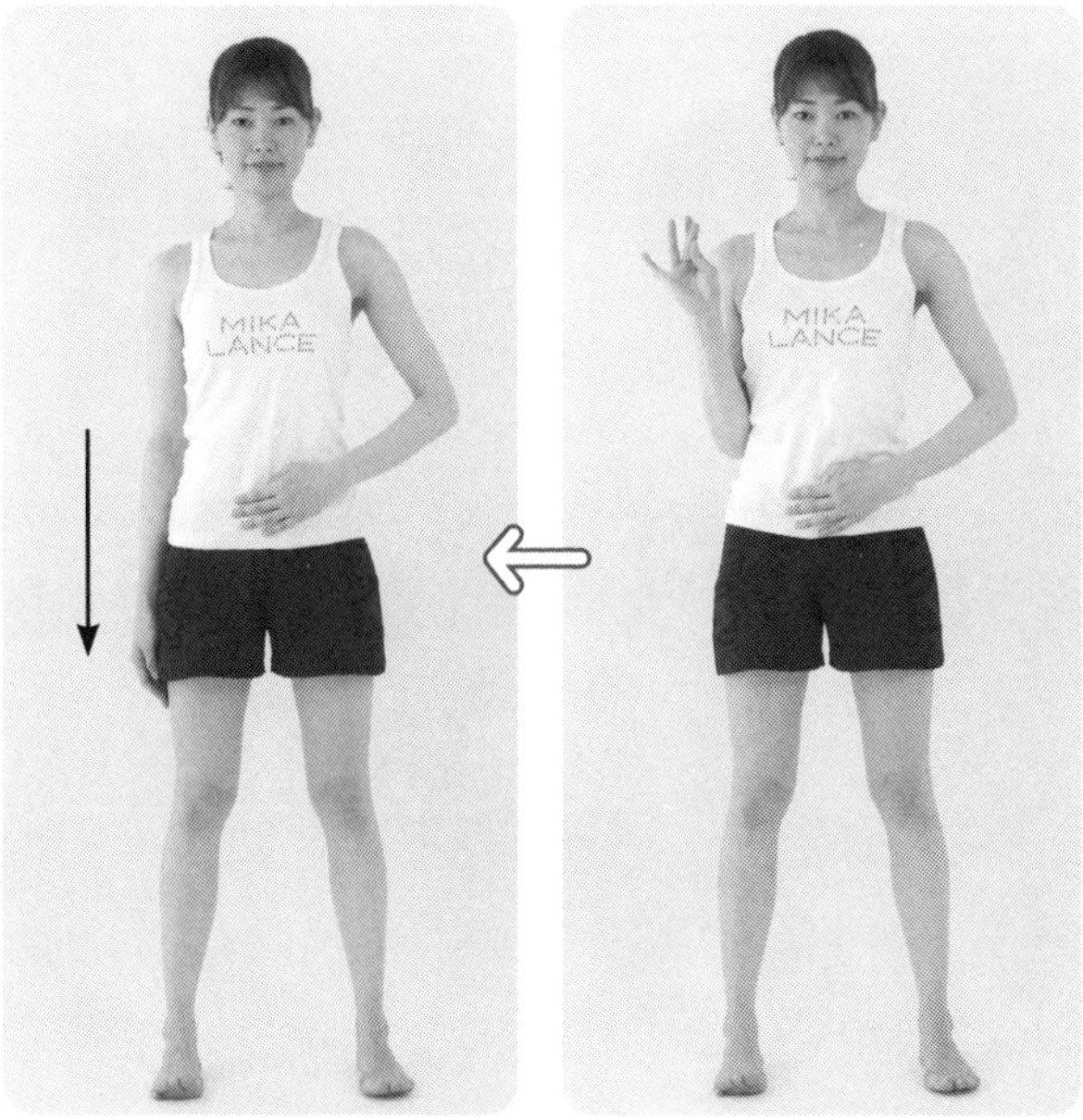

7 首を伸ばしたまま、手の甲が自分のほうを向くようひっくり返してから、手の力を抜きストンとおろします。ここまでを3回行いましょう。

8 手を左右逆にして反対側も3回行い、終了。

＼股関節を整え全身のバランスをよくする／

お尻たたき

1

うつ伏せに寝てください。両足を肩幅より少し広く開きます。上半身を反らして顔を上げ、ひじを立て、親指以外の指４本をアゴの下に添えます。手をアゴの下に添えることで、肩の力が抜け、背中に入りやすい力をゆるめます。

股関節は体の中心。股関節をゆるめて下半身を整えるこのエクササイズで、顔を含む全身のバランスがよくなり、小顔の要「美しい姿勢」が手に入ります。

2

片方のひざをお尻の向きに曲げます。

3

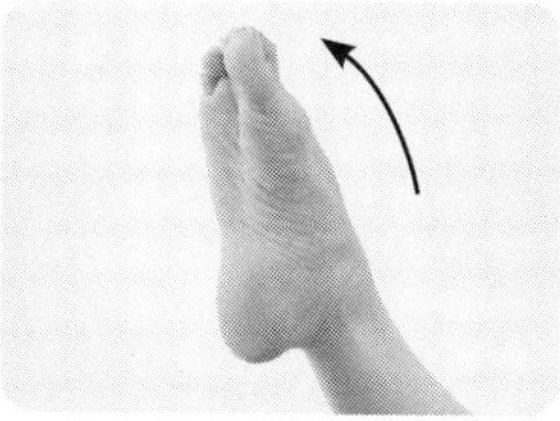

足の甲を伸ばし、足の指をキュッと丸めます。

4

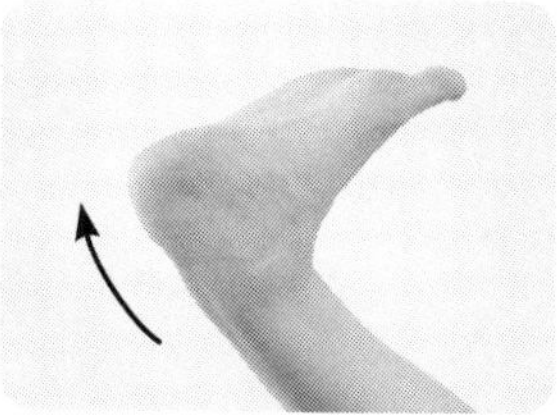

次に足の指を戻し、かかとをグーンと伸ばします。

5 **3**、**4**の動きで足首を柔軟にしたら、バレリーナのように足底にアーチをつくり、かかとでトントンお尻をたたきます。思い切り脚を伸ばすようにするのがポイントです。

6 「1、2、3、4、5」と5回お尻をトントンかかとでたたきます。これを3回繰り返してください。

7 脚を変えて同じように行います。

＼ひざ裏から首まで一気に伸ばす／

ひざ裏たたき

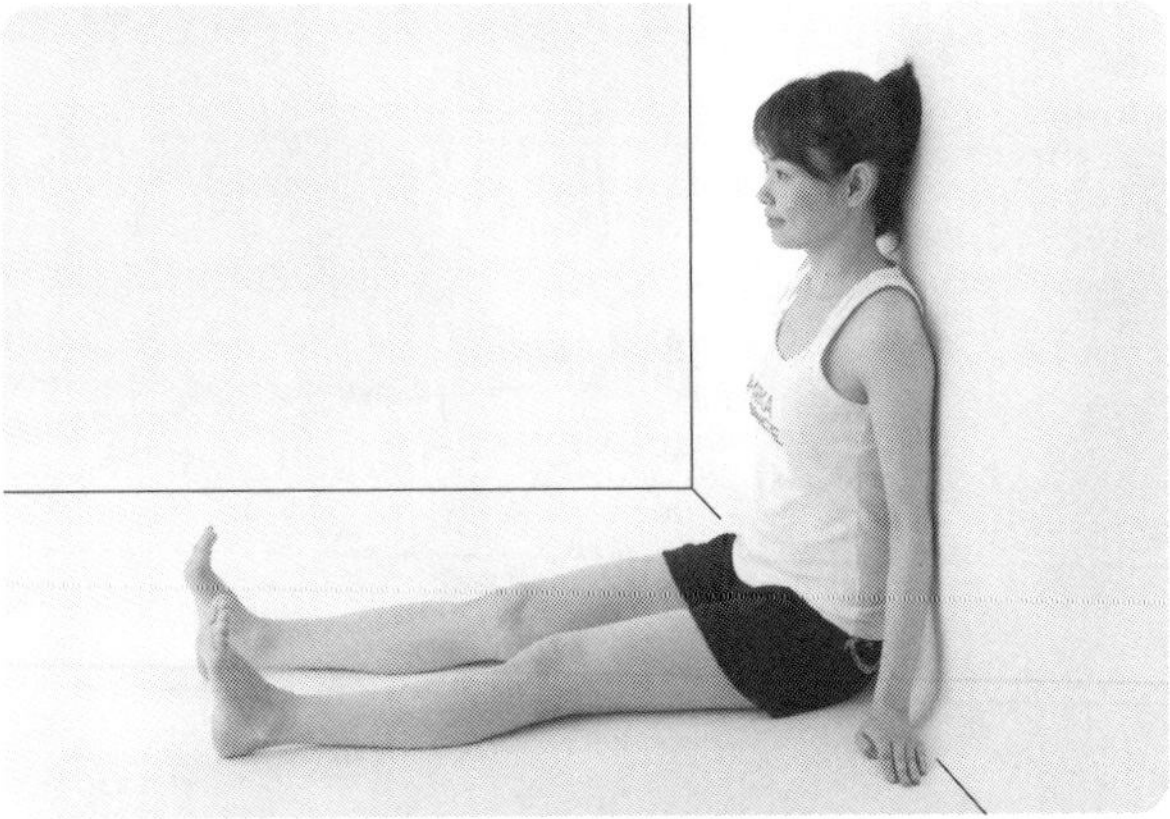

1 壁に背中と腰をぴったりとつけて、座ります。両足は腰幅程度に開いて伸ばし、かかとを立てます。

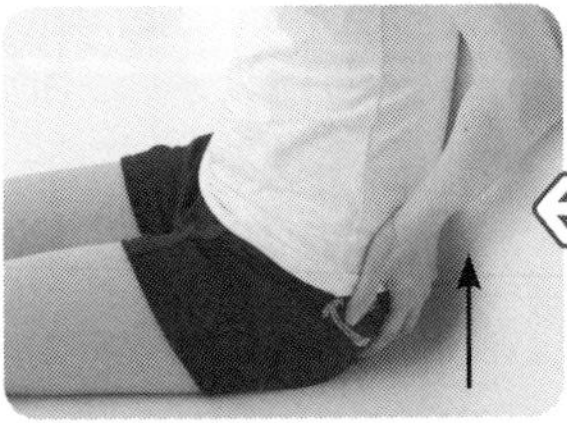

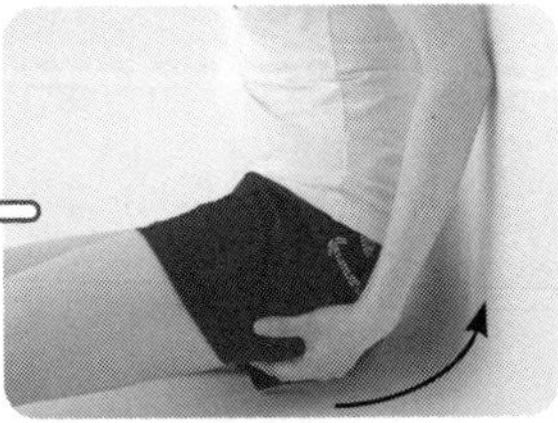

2 座ったら、片方のお尻を浮かせて、脚の付け根あたりに手を入れます。そのまま手でお尻の肉を持ち上げてから、ストンとお尻を落としてください。反対側も行いましょう。これで、坐骨が整い、腰や太ももに余計な力が入らなくなります。

ひざ裏を伸ばすことで、足底にきちんと力が入り、脚から骨盤、背骨、首まで正しく伸ばせるように。全身がバランスよく整い、リバウンドしない小顔に。

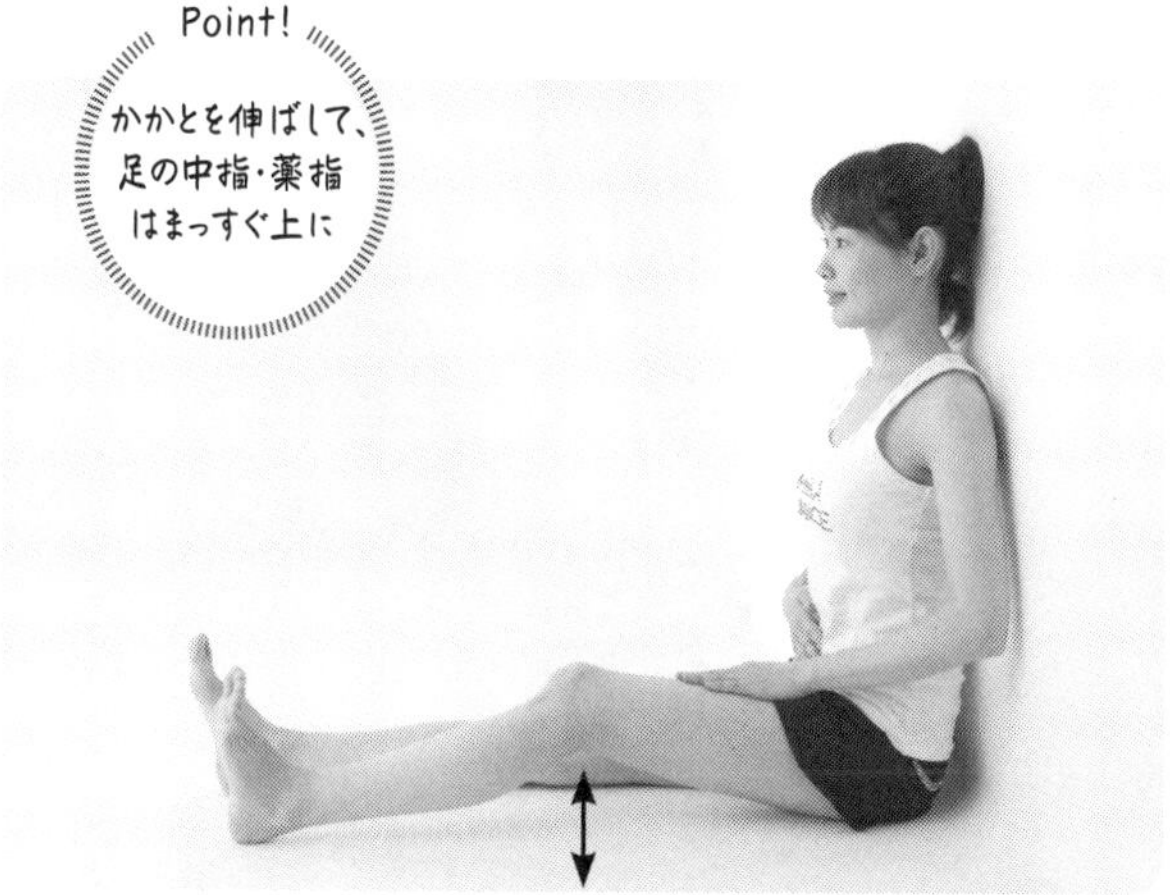
Point!
かかとを伸ばして、
足の中指・薬指
はまっすぐ上に

3 右手をお腹にあて、左手を左脚の太ももに置いて、左脚のひざ裏で床をトントンとたたきます。「1、2、3、4、5」「1、2、3、4、5」と数えながら10回。ひざをあまり曲げずに軽く振動させるようにして床をたたくのがコツです。

4 手と脚を変えて、右脚も同じようにトントン10回。左脚右脚、左右交互に5セット行いましょう。

＼末端から中心へ関節をほぐす／

指回し

1 イスに軽く腰掛け、脚を肩幅に開きます。足は中指と人差し指をまっすぐにします。少し内また気味になりますが、ひざ頭は両方ともきちんと前を向かせます。体の横で右ひじを曲げ、右の人差し指を立てます。親指はほかの３本の内側にしまって軽く握り、手首はまっすぐに。もう一方の手は太ももの上に。

指の関節をほぐすと、その先にある肩関節や股関節もほぐれ、正しい位置に導かれます。ちょっとしたときに行うと、顔はもちろん、全身がバランスよく整います。

2 人差し指を外から内へ回します。指の根本からしっかり、指先で水平に円を描くイメージで5回、回しましょう。

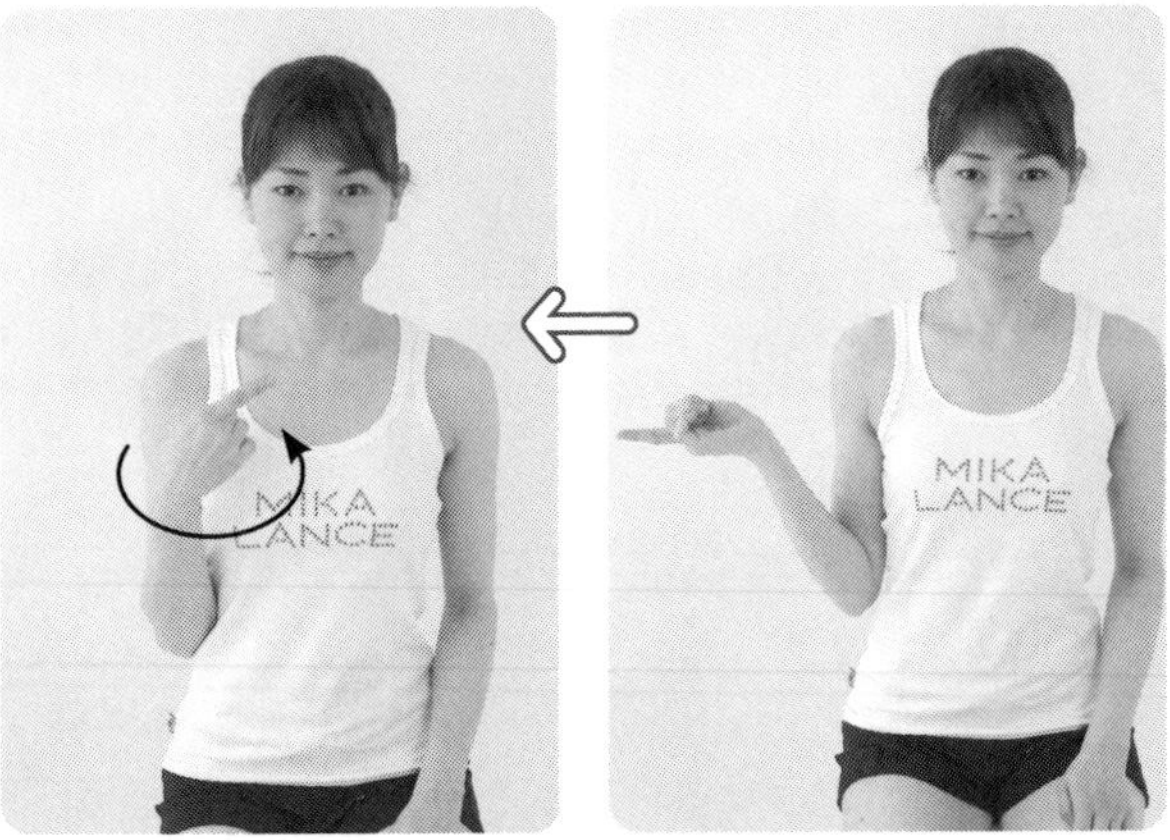

3 次に手首から指を回します。指で誘導するように手首を回すとスムーズです。外側から内側へ、手首を曲げながら可動域いっぱいに回します。こちらも水平に円を描くイメージで５回。

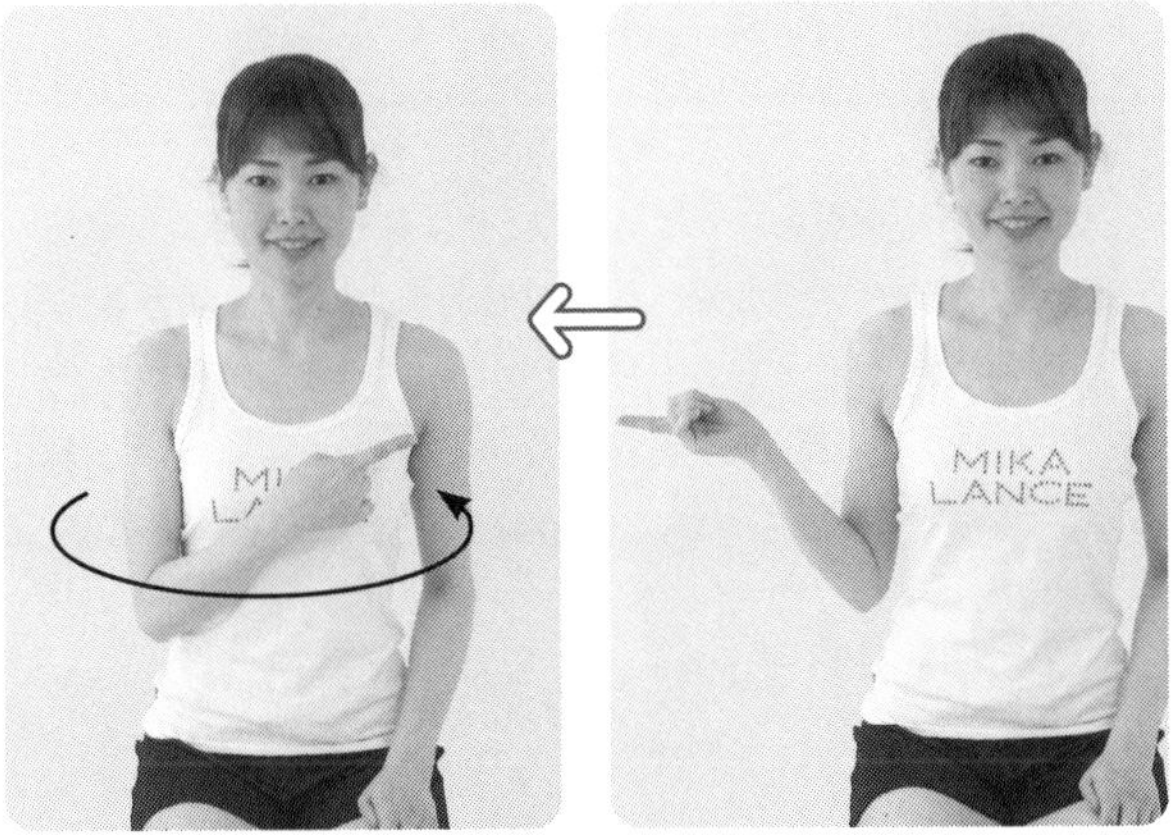

4 最後にひじから指を回していきます。できるだけひじが体の横から離れないようにキープして、大きな円を描くように5回。指先からひじまでをゆっくりと外から内へ回します。ここまでを3セット行いましょう。

5 手を左右変えて、同じように左側の指を外側から内側に、回していきます。指だけ、手首から、ひじから、それぞれ5回ずつを3セット。

＼コラム／

顔が長い人は
胴体も長いものです

長い顔を気にしている人や、昔よりも顔が長くなったと感じている方は少なくないでしょう。じつは顔が長くなる、アゴが長くなってしまうのにはワケがあります。

歩くとき、電車に乗っているとき、本を読むとき……など、いつもうつむき加減でいることが大きな原因。頭の重みでアゴが下がりやすくなるのです。

その状態を加速させているのが、長時間パソコンを操作したり、スマホを使うことが多い現在の状況（リモートワークなど）です。本書で紹介するエクササイズで前首、猫背を改善し、さらに普段の生活のなかでも意識して姿勢を正すことで、“顔伸び”を止めることができます。

また顔が長い人はたいてい胴体も長いという傾向があります。本来持つ体のバランスが崩れてしまっているのです。顔の長さと体のバランスも、相互関係にあるのです。

Part 3

もっと
小さな顔になる！
スペシャルマッサージ

この方法なら、小顔と美肌が同時に叶います

誰もが小顔になりたいと思っています。そして美肌になりたいとも思っています。

「でもどちらも手に入れたいなんて、欲張りですよね？」

いいえ。そんなことはありません。いつもむくみがあって顔がパンパン、エラまわりに肉がついて顔が大きく見える、面長でアゴまわりに肉がつくと顔が長く見える……こうした顔の大きさの悩みを抱えている人はたくさんいます。

色が黒いので色白さんがうらやましい、シワが増えてきた、なんだかたるんでもきたみたい、いつも肌がカサカサしている、肌が脂ぎっている……こうした肌質の悩みも、なんとかしたい。

じつはどちらも根本を見直さなければ、最終的に解決しないのです。骨は筋肉との連携プレイで動きます。

骨のまわりには毛細血管も神経も張り巡らされています。人間の血管の長さは地球を2周半するとも、3周半するともいわれ、皮膚の表面に毛細血管で栄養を運んでいます。筋肉や骨が正しい位置にあり、栄養が皮膚の表面まできちんと届いている肌は新陳代謝もよく、色白で透明感があります。また、シワやたるみは筋肉の弾力と関係します。

だから、**肌質の問題も、顔の形の問題も、骨や筋肉を整えることによって、解決するのです。**美肌をつくるためには、Part2で紹介したエクササイズがとっても効果的なのです。

とはいえ、リンパ・血液の循環をよくする即効性のあるマッサージも知りたい！　という方のために紹介するのが、GAIA流の「スペシャルマッサージ」。リンパや血液の流れをよくするだけでなく、肩甲骨や首の柔軟性を高める「フェイス&ネックマッサージ」と、とくにほうれい線に劇的な効果のある「舌マッサージ」の2つです。

この2つさえ習得すれば、もう怖いものなし！　さっそく取り組みましょう。

＼リンパの流れをよくする／

フェイス＆ネックマッサージ

1 右手をめいっぱいパーに開きます。使うのは薬指、中指、人差し指の３本の指です。

顔の筋肉の動きを刺激し、リンパの流れを促すマッサージです。右手で左側を、左手で右側をマッサージすることで肩甲骨が動き、小顔効果が高まります。

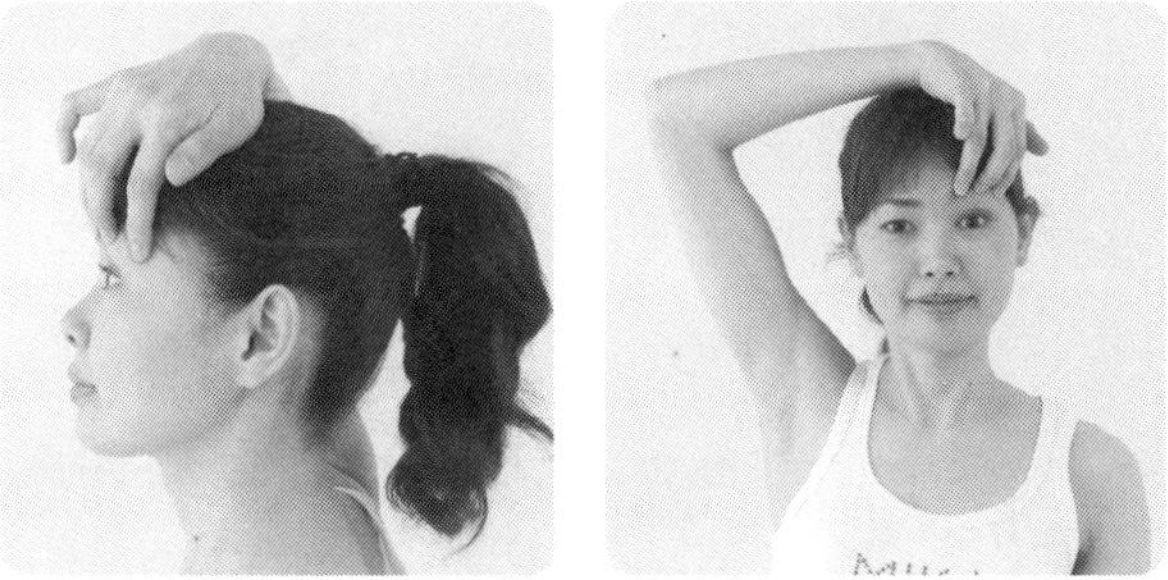

2 左の眉上をマッサージしていきます。薬指を眉頭に置いて「1、2、3、4、5」と5回モミモミ、そしてパッと指を放します。

3 左のこめかみをマッサージしていきます。薬指を眉尻に置いて5回モミモミ、パッ。

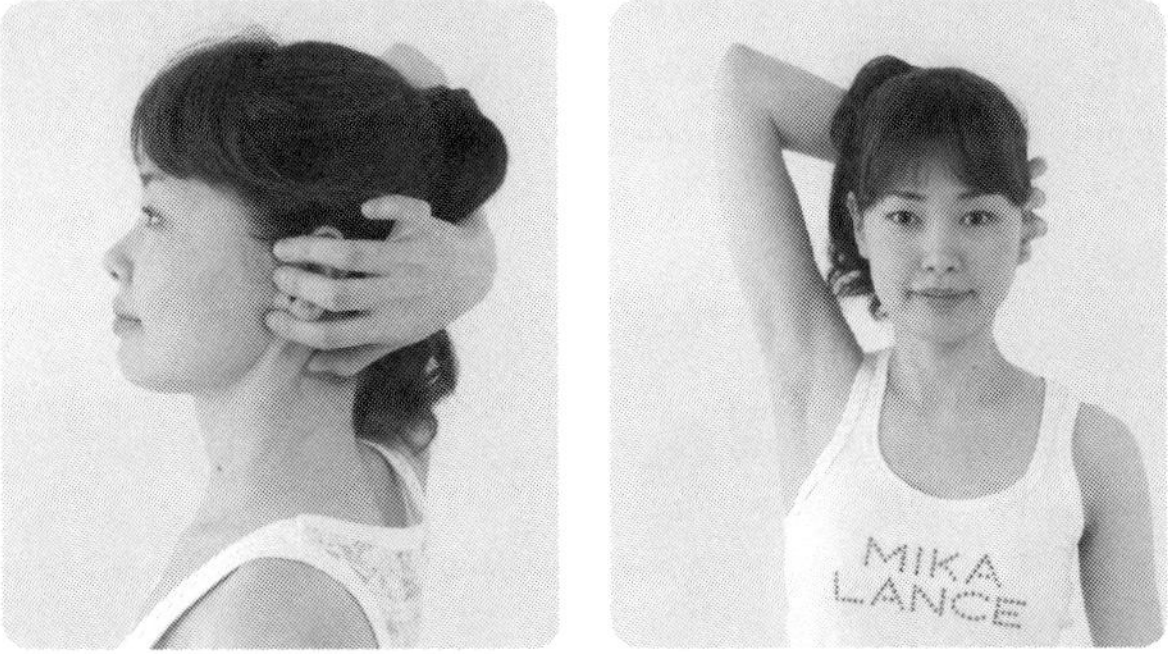

4 左の耳横をマッサージしていきます。薬指を耳の上の付け根に置いて、5回モミモミ、パッ。

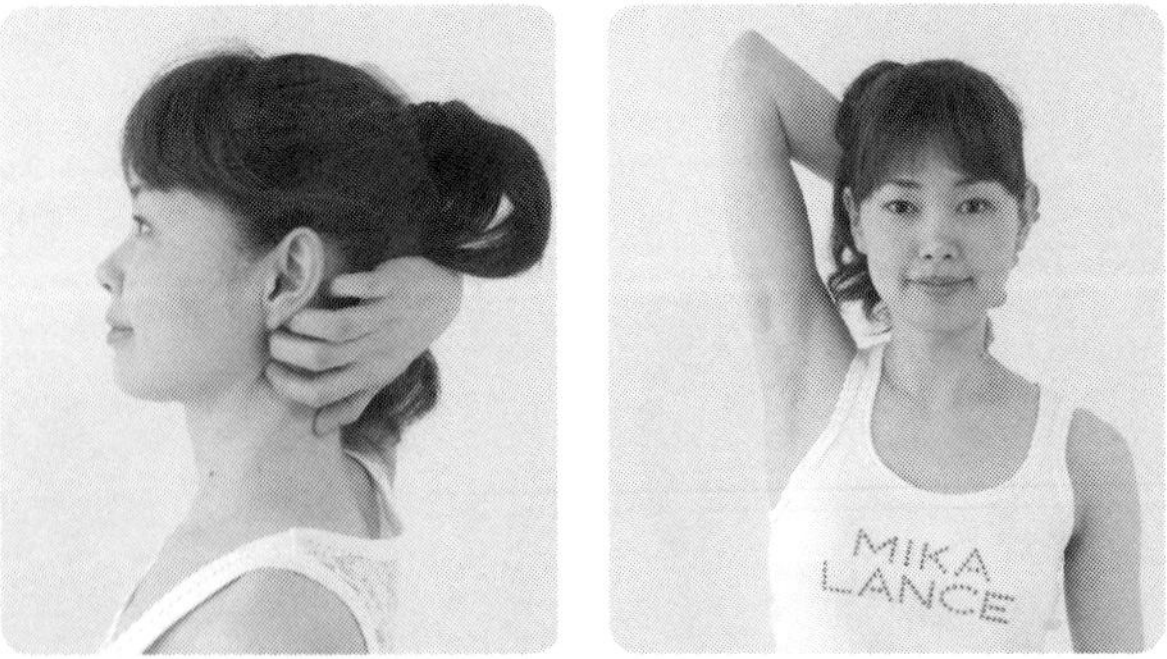

5 左の耳下腺《じかせん》（耳たぶの裏の押すと気持ちのいいところ）をマッサージしていきます。薬指を耳下腺に置いて、5回モミモミ、パッ。

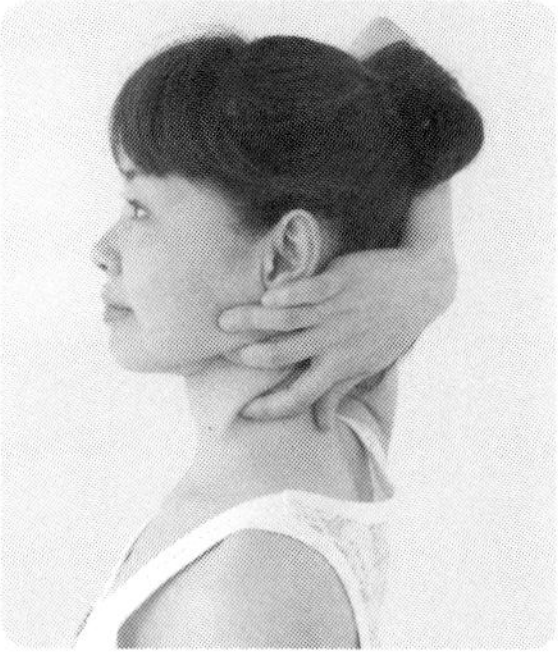

6 左のアゴ骨をマッサージしていきます。薬指と中指でアゴ骨を挟んで、5回モミモミ、パッ。

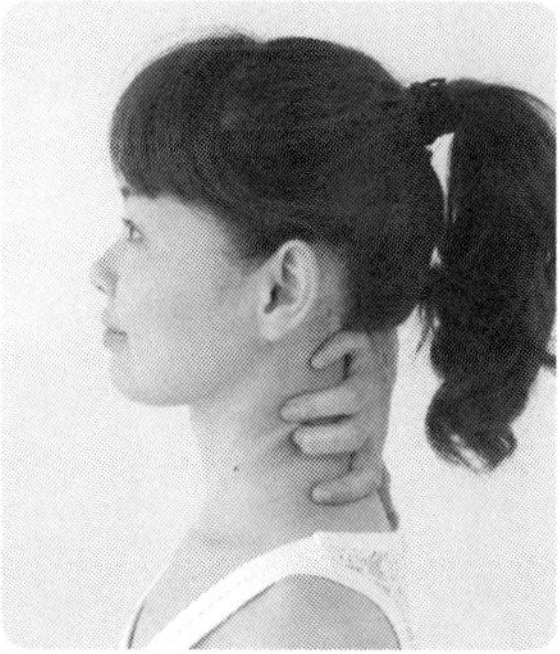

7 首をマッサージしていきます。首の前部分にできるだけ指を伸ばして、薬指がアゴの下まで届くのが理想です。首の気持ちのいいところを薬指で探して首を全体的に5回モミモミしてください。

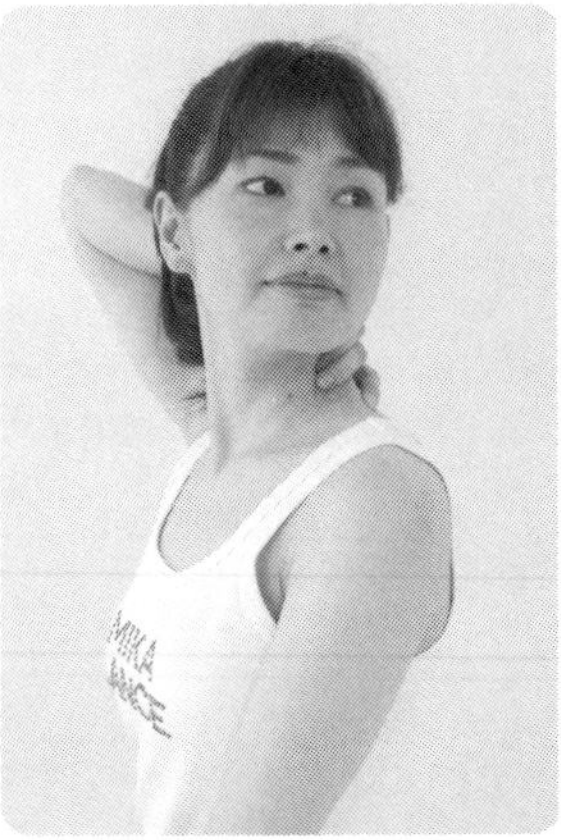

8 首をマッサージし終わったら、そのまま指を放さず、指で誘導するようにして首を左に回していきます。できるだけ後ろを見るように首を回して、これ以上回らないくらいまで回します。

9 パッと手を放して顔を正面に戻します。関節が正しく整ってくると手を放しただけで首が勝手に戻ります。

10 ここまでの一連のマッサージを、今度は左手で顔の右側に行います。

たるみ・ほうれい線が消える

舌マッサージ

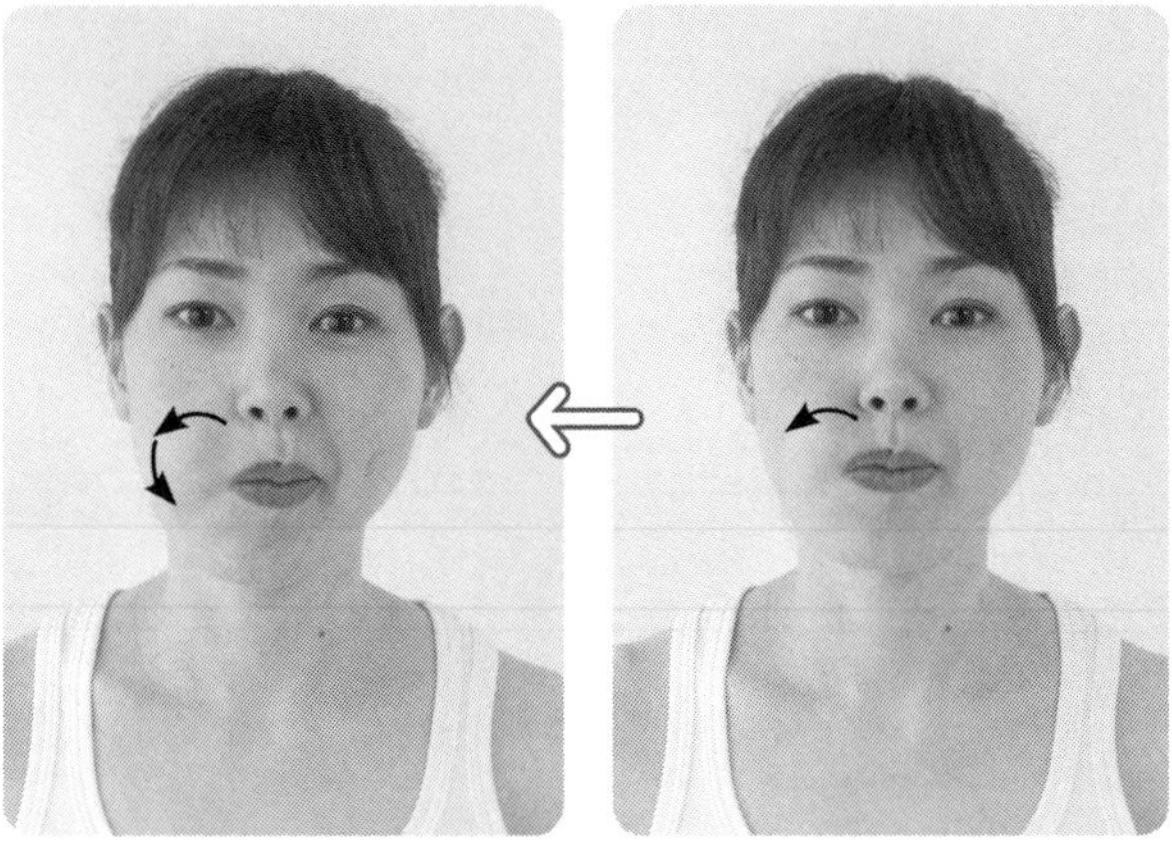

1 口のなかで舌を、ほうれい線を引き上げ伸ばすように外側に回します。右頬の内側からクルクル。舌は可能なかぎり長く、グッと押し出す感じで回すのがポイント。鏡に向かって舌の動きを確認しながら行うとより効果的です。

顔にある筋肉を舌で刺激して、小顔の大敵であるたるみに対抗するのがこのエクササイズです。口元の動きを意識すれば、ほうれい線も消えていきます。

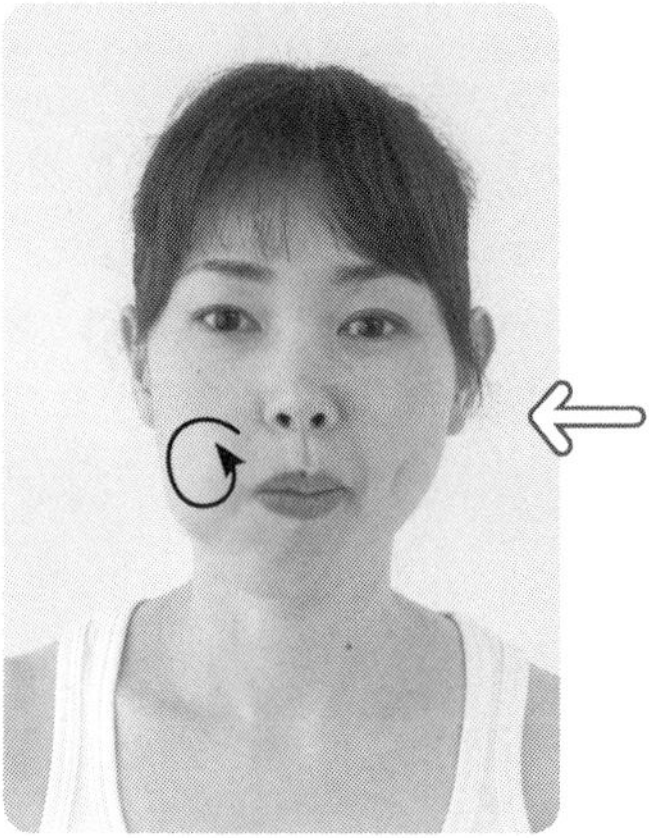

2

口のなかから頬の裏側を刺激し、頬が下に下がらないようにしながら舌に連動して動く筋肉を鍛えます。3回ほうれい線をなぞったら終了。同様に左側も行いましょう。舌をクルクルと回すことによって口腔内は広がります。話す、食べるという行為は想像以上に限定的ですから、筋肉が稼働する“量”は少ないはずです。舌の根元からグイッと頬を押し出してやりましょう。

＼コラム／

体の〝流れ〟をスムーズにすれば、顔のむくみも、たるみもとれる

前傾の姿勢が続き、首の後ろの筋肉や肩の筋肉が硬くなってくると、首、肩から後頭部、頭頂に続く血管や、耳や目のまわりのリンパの流れが悪くなります。「むくみ」はこれが原因です。顔がむくむと、目の腫れ、口のまわりのほうれい線やアゴの下の二重アゴが強調され、目立ってきます。

顔のむくみをとりたいと思うと、蒸しタオルで顔をあたためたり、逆に流水で洗い流してみたりと、つい、顔だけにアプローチしがちですが、“リンパの流れ”をスムーズにするには、体全体のバランスを整えるのが一番の近道です。

また、アゴと耳まわりの筋肉をよく動かして血流を改善するのも大切。

顔にアプローチするより早く「むくみ」が消えていくはずです。

Part 4

習慣を変えると、顔も変わる

一生「小顔」をキープするための習慣術とは？

無造作にバッグを肩からかけたり、ぺたぺたと歩いたり……なにげないクセや習慣が体や顔にどれほど影響を与えているか、ご存じでしょうか。

じつはいくらダイエットをしても、結局もとに戻ってしまうのには、原因があります。**日常生活のクセや習慣が美しくなかったり、正しく筋肉を使っていないから、自然の摂理でもとに戻ってしまうのです。**

どんな習慣が体をゆがませてしまうのか。

それを知り改めることは、「小顔」づくりをスピードアップさせるためにはとっても重要です。

また、日常生活のなかで、ちょっとした〝工夫〟を取り入れるだけで、小顔メンテナンスができてしまうとしたら、断然、工夫するほうを選択しますよね。

さあ、あなたのダメ習慣をいますぐ変えてしまいましょう！

よく噛み、よく笑い、よく話す

わたしたちは食べものを食べて体を維持しています。食べものを口に運び、咀嚼《そしゃく》して、体内に栄養素を取り入れています。この「咀嚼」がとても大事なのです。

咀嚼は唾液の分泌を促します。

きちんと咀嚼をせずにものを食べると、食べものに唾液が混じらず、腸での吸収が悪くなります。そして、食べものを効率よく腸で吸収し体内に取り込めないと、食欲が次々に湧いてきてしまいます。

このように「咀嚼」はダイエットや健康維持のためにとても大切です。

そのため噛む回数についても「30回」がいいなどと推奨されていたりします。

「噛む」という行為は、アゴにもいいとよくいわれます。

噛めば噛むほど、アゴが鍛えられ、小顔になるというわけです。「30回なんて、噛んでいられない！」という人も小顔になると思えばできますよね。要は口のなかを唾液で潤して、食べたものをつぶして嚥下《えんか》することが大事なのです。

ところで「噛む」ときはどの歯を使っていますか？

前歯でうさぎさんのように噛んでいる人は、要注意です。

肝心なのは「奥歯」で噛むこと。そして**咬筋をよく働かせること**。

できれば左右均等に力を入れて、咬筋を鍛えてくださいね。そして、ここがポイント。**噛むときはアゴを引き、首を伸ばし、姿勢に気をつけましょう。**

さて、いままでの項目でご説明してきたように、顔には非常に多くの筋肉が集まっています。

大きな筋肉、小さな筋肉、動かせる筋肉と動かせない筋肉……顔にはいろいろな形や働きをする筋肉がたくさん集まっているのです。

筋肉は硬くなると血行が悪くなり、セルライトも溜まってしまいます。だから硬くならないように鍛えることが重要なのです。

これらの筋肉はよく噛むこと、よく笑うこと、よく声を出すことで鍛えられます。

よく笑うことで口輪筋《こうりんきん》（唇の周囲を取り囲む筋肉）が、声を出すことで口蓋垂筋《こうがいすいきん》や輪状甲状筋《りんじょうこうじょうきん》（どちらも、のどのあたりにある筋肉）、大頬骨筋や小頬骨筋が、よく噛むことで咬筋が鍛えられるのです。

顔や首の筋肉を鍛えると、引き締まった小顔に変わります。また、これらの筋肉がしなやかに働き出せば、肌にハリが出て美肌になることもできるのです。

マスクをしているいまこそ、取り入れたいエクササイズ

プロローグでも触れましたが、マスクの常用は顔を大きくすることにつながっています。その理由は大きく2つです。

・周囲の視線を気にしなくていいから、顔に対する意識が薄れる
・自然に表情が乏しくなって、表情筋を動かさなくなる

ひとことでいってしまえば、気のゆるみ、〝油断〟が顔を大きくするという言い方ができるかもしれませんね。もちろん、美しくあるため、小顔になるためには、油断は大敵です。

ここはエクササイズでカバーしましょう。マスクをしながらできるエクササイズを取り入れて、ぜひ習慣にしてください。

その最大のメリットは、マスクをしながらだから、行う場所を選ばないということです。たとえばの話、これまでは絶対タブーだった通勤の電車やバスの

なかだって、雑踏で人を待っているときだって、やるきになれば、〝こっそり〟できてしまうのです。

エクササイズを習慣にすることで、薄れていた顔に対する意識が、格段に高まります。それが、「よし、小顔になるぞ！」というモチベーションを高めてくれるのは、いうまでもありませんね。

ところで、マスクをしているとき、顔で一番強調される部分はどこでしょう。もちろん、目ですね。しかし、リモートワークなどで長時間パソコンを見続けたりしていると、目は疲れてきて、輝きを失い、目力も落ちて、小さくなっていきます。

これは見すごせない改善ポイントです。目力をアップさせ、輝きを取り戻させましょう。ここではそのためのエクササイズも、併せて紹介します。

また、マスクをすることで疲れやすくなっている耳まわりの筋肉を刺激するエクササイズも加えました。これは筋肉をよみがえらせ、血液やリンパの流れをよくしますから、顔をキュッと引き締める効果があります。

＼ マスクの下でできる！ ／

唇呼吸

マスクをしているとき

1

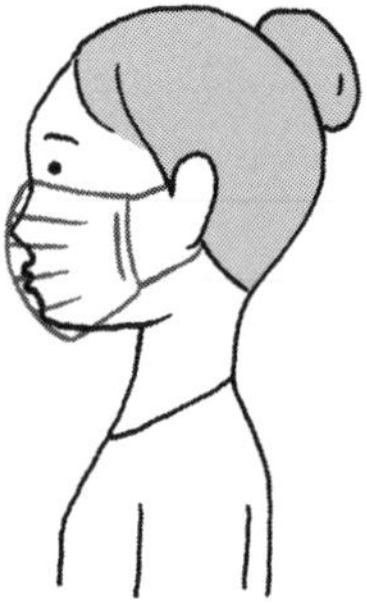

胸を高くし、おへそを引いて、みぞおちを上げた姿勢で正面を向き、唇をキュッとすぼめて息を吸います。

2

息を吸い込んだら、マスクの下から上に向かって口をすぼめたまま、息を深く吐きます。首が伸びていることを意識して。息を吐き切ったら終了。

体の前面が縮こまると首は上へと伸びません。“小顔”に必要なのは、肺にたくさんの空気を取り入れて胸を開くこと。胸式呼吸で行うエクササイズです。

マスクをとったとき

1

首を伸ばして、姿勢も正してまっすぐ前を向きます。片方の手に薄手のハンカチを持ち、顔の前に垂らし、唇をすぼめて、息を吸い込みます。

2

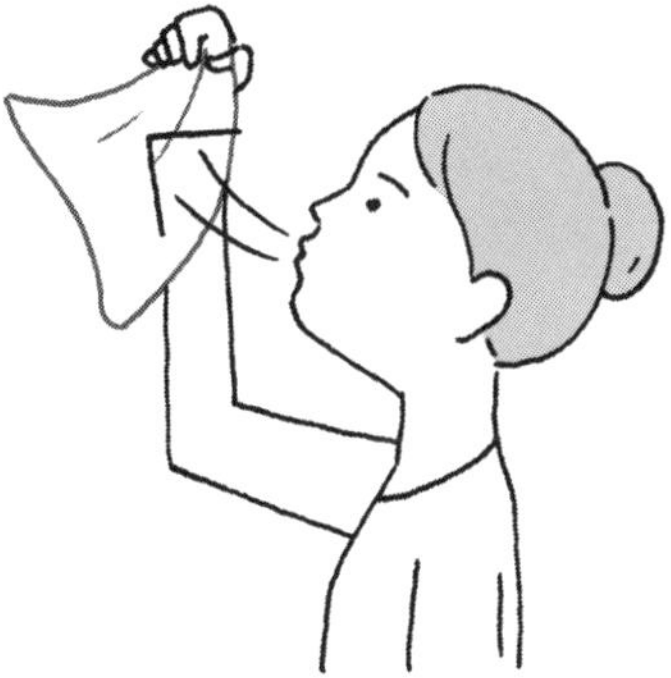

唇をキュッとすぼめ、ハンカチに息を吹きかけながら、徐々に腕を上げて首を後ろに倒していきます。息を吐き切ったら終了。

＊顔の前にたらすのはティッシュでも、マスクでもOK

＼マスクの下でできる!②／

下アゴ回し

1

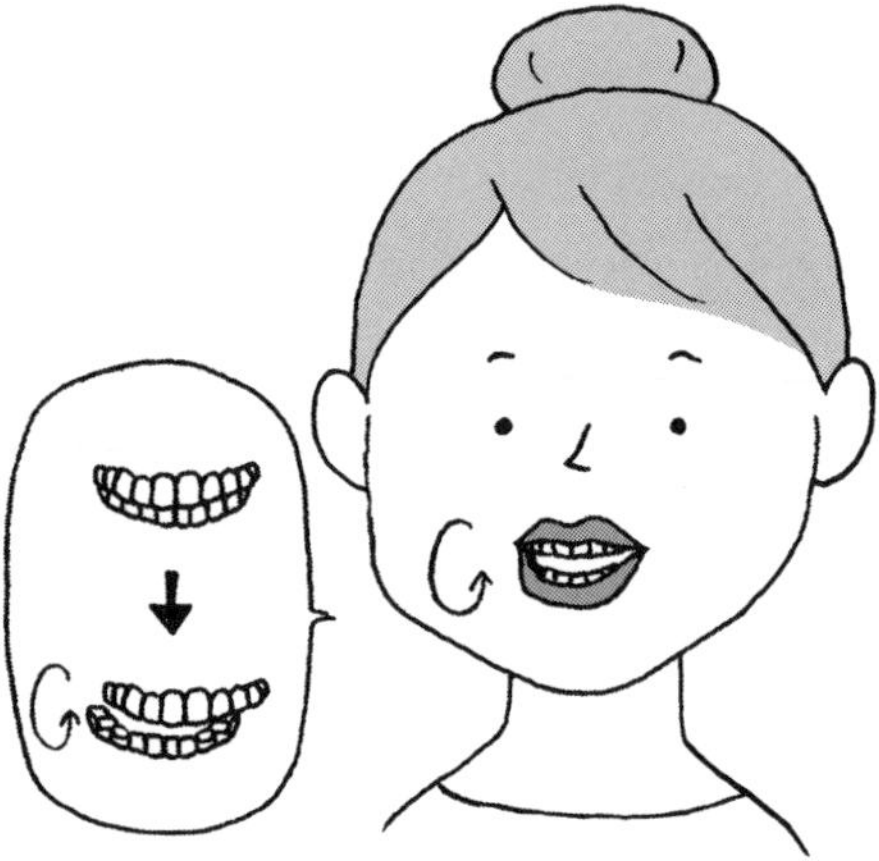

首をなるべく伸ばし、軽く口を閉じたまま右の下の奥歯を外回しに小さな半円を描くように5回、回します。

下アゴを回す簡単エクササイズです。下アゴを回すことで、顎関節がほぐれ、アゴが自然に引けるようになります。

2

次に、口を軽くあけ、大きなCの字を描くように右下の奥歯を5回、大きく外回しに回します。反対側も同様に小さく5回、大きく5回、回して終了です。

＼目力をアップする／

目クルクル

1

正面を向きます。まず時計回りに、首は動かさないで眼球を動かしていきます。最初は真上、右側、真下、左側へ。ポイントでとめてもかまいませんが、慣れてきたら、可能なかぎり大きく、スムーズに回します。

マスクで顔の半分以上が隠れているからこそ大切なのは目の力、表情です。意志を相手に伝えるには輝きも必須。目は“クルクル”を意識して鍛えましょう。

2

次は反時計回りに回していきます。ポイントは同じです。上→左→下→右へとクルクル。回すときに意識したいのは、首と肩と背中の体勢。肩を後ろ側に引いて背筋を伸ばし、首はスッと伸ばしましょう。

\ 目力をアップする② /

眼輪筋エクササイズ

1

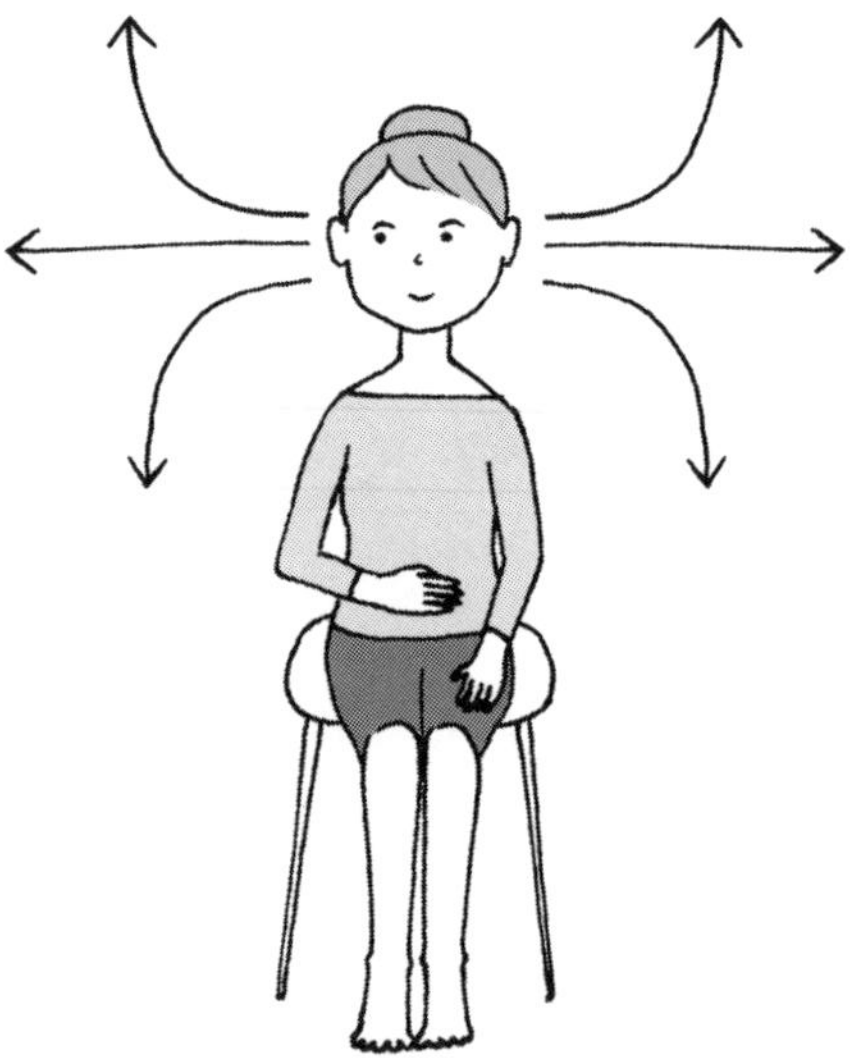

椅子に浅く腰掛けて両脚をそろえます。背筋を伸ばして右手をお腹に、左手は左太ももの上に添えて、親指以外の4本の足指で床を押し、かかとを上げます。首を伸ばし、眼輪筋を意識して、顔を動かさず、左右・右斜め上下・左斜め上下に放物線をイメージして両目を動かします。

眼輪筋はまぶたを開閉する筋肉。目の下のクマにも影響を与えています。キリッとした目力には、ここを鍛えていく。マスク生活でのポイントです。

2

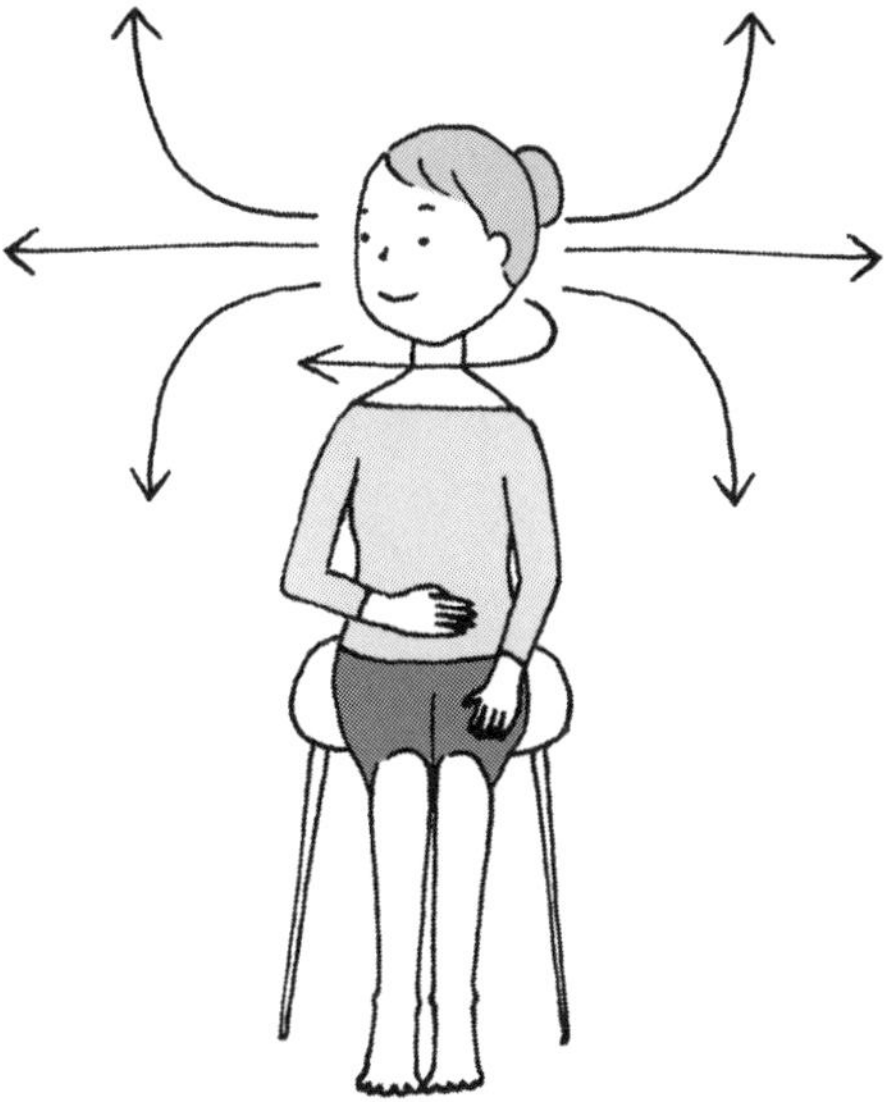

1の体勢で、肩は動かさずに頭を右に回し、その状態で放物線をイメージして左右・右斜め上下・左斜め上下に両目を動かします。"遠回り"して視線を動かすイメージで。同様に左に頭を回して行い終了。

＼マスクの耳疲れを改善／

耳まわりの体操

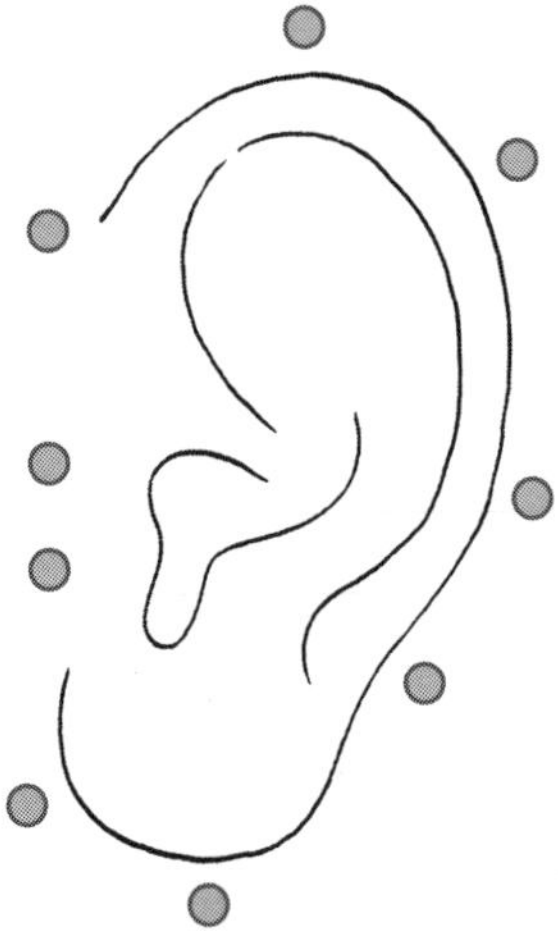

1 押すポイントは耳まわりの9カ所。このほかにも耳まわりには“ツボ”が密集しています。リンパ節へと“流れ”がつながっていますから顔や首、頭にも影響大。しっかりと押しましょう。

マスクをつける生活は耳には大いに負担。さらに、耳まわりには小顔になるポイントがいっぱい。疲れを改善しつつ、押して、回して、小顔をつくりましょう。

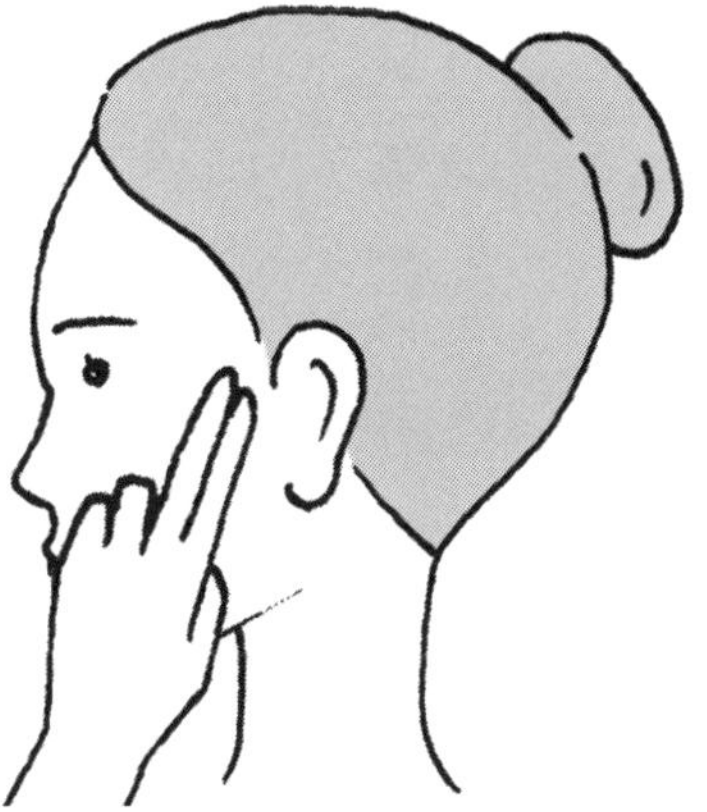

2 1で示したポイントを1カ所ずつ、マッサージしていきます。両手の指で同時に両耳に行いましょう。まず、人差し指と中指でポイントを押す→グリグリと押し回す→押す→パッと放す。最後に親指と人差し指で耳たぶをはさみ、3回下に引く。この一連の行程をすべてのポイントで行います。

「ちょっとつまむ」の習慣で、ファシアをやわらかく

みなさんは「ファシア」という言葉を聞いたことがありますか？　はじめて耳にするという人が多いかもしれませんね。

ファシアについては、これまでは注目されていませんでした。しかし、最近では、重要な働きをするものとして注目されています。

ファシアは内臓や骨、関節や腱、血管、筋肉など全身の組織を包み、それぞれの組織や器官をつなぐ「接着剤」のような役割を果たすものです。皮膚の下にもファシアがあります。皮膚の下で全身を包むボディスーツのようなもの、といったらイメージしやすいでしょうか。

ファシアは網の目のような構造をしていて、伸びたり、縮んだりします。たとえば、筋肉が動くときには、ファシアが伸縮することによって、動きがスムーズになるわけです。

です から、**ファシアが硬くなって伸縮性が失われると、筋肉の動きも悪くなります。筋肉だけではありません。骨や関節、腱の動きも悪くなりますし、内臓の働きも低下するのです。**

すでにお話ししてきたように、小顔づくりでは骨格が整っていること、筋肉が柔軟でしなやかに動くことが必須の条件です。その条件はファシアが柔軟で弾力がなければ、クリアすることができません。

硬くなったファシアをほぐしてやわらかくするというと、大変なことに思えますが、じつはちょっとした習慣で、それが実現できます。

それは、**ちょっとしたときに、指の腹で肌をつまむというもの。**気づいたときでいいので、顔の皮膚を数ミリつまんでいきましょう。

強さは強すぎず、弱すぎず、「いた気持ちいい」という感じがする程度で行うのがポイントです。

わたしのサロンではこの方法を「皮膚揉捻《じゅうねん》マッサージ」と呼んでいます。

このマッサージは、ファシアをほぐして弾力アップするのはもちろん、〝つまむ〟刺激によって、神経や毛細血管、リンパの流れを促進させます。

“つまむ”でファシアがほぐれる

リンパの流れと小顔の密接な関係は、すでにみなさん知っていますね。顔がむくみやたるみで大きくなっているのは、リンパの流れが悪くなっているからです。皮膚を刺激することでリンパや血液の流れがよくなれば、むくみやたるみも解消され、顔色のよい小顔がキープできます。日々、ちょっとしたときに「顔をつまむ」を、ぜひ習慣にしてみてください（赤ら顔、かゆみのある人はこの方法はNG。刺激しないで）。

こんな座り方があなたの骨格をゆがませていた！

本来の四足歩行から二足歩行をするようになった人間は、脳の発達とともに重くなった頭を、重力に耐えて支えて生きています。

頭は5～6キロはありますから、かなりの重さを支えていることになります。頭のなかには350ミリリットルのコーラが4本分も入るともいいますから、そうとうの容量が入りますし、脳には600キロメートルもの血管が通っています。

人間は、このような頭の重さに対応するように、骨格を進化させ整えてきましたが、重力がある以上バランスが崩れると骨格は〝ゆがむ〟ようにできているのです。

骨格のゆがみを助長しているのが、毎日の生活習慣です。

街を歩けば、スマホに見入っている人を多く見かけます。理想的なS字カーブからは、ほど遠い姿勢になっているはずです。

日々のデスクワークはどうでしょう？　前かがみになってパソコンに向かっている人が多いのではないでしょうか。やはりここにも、姿勢を猫背にしている原因が潜んでいます。

背中がゆがむと、頭がい骨のまわりや脳に走っている血流が悪くなり、リンパや神経の流れにも乱れが生じてしまいます。

それればかりではありません。背中がゆがんで、頭がい骨が前や下に落ちると「頭痛」にもなります。

もちろん、本書で繰り返しお伝えしてきたように背中がゆがんで頭が前に落ちると、顔はどんどん大きくなってしまいます。

では、体をゆがませないためには、どう座ればよいのでしょうか。

まず、椅子に座っているときは、足の指や足の裏、手のひらも意識しましょ

美しい座り方

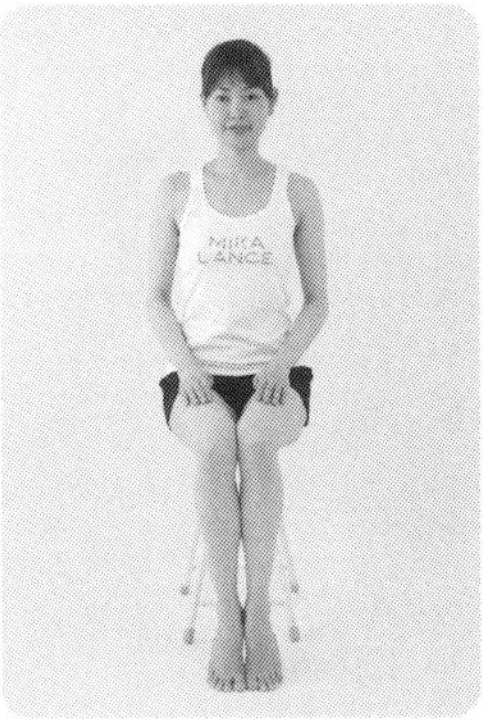

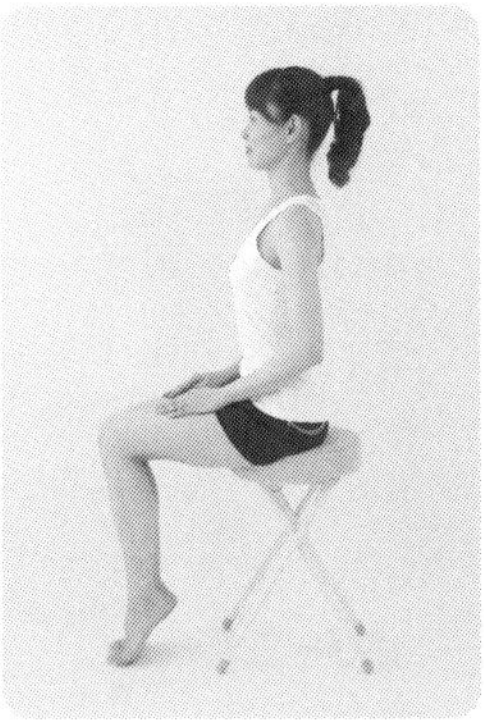

う。

足の裏は床に着けておきます。指裏をしっかりと着けておけば、かかとを上げるのはOKです。脚を組むのはもってのほか。

さらに気をつけたいことは、椅子に座っているときは、脚をだらしなく脱力させないこと。足底をしっかりと着ければ、背中や股関節への負担が減り、股関節からの姿勢の矯正になります。

そして、手や足はいつも神経がゆきわたるように美しく動かしましょう。

長時間、背もたれにもたれかかるのはNG。じつはこの姿勢が、腰や股関節に負担をかけ下半身の血流を悪くします。

テレビ・パソコンの位置で、顔の大きさが変わる

背中が曲がらない姿勢をキープするために、パソコンの位置、テレビの位置にも注意を向けましょう。

パソコンはどんな位置に置いていますか？　あまり気にしていないという方は要注意。日々のデスクワークが体をゆがませてしまっているかもしれません。

ではどのような位置がいいか。

まず、**キーボードはデスクの手前ぎりぎりくらいに引き寄せます。**マウスはその横に。

こうすれば必然的に前かがみが修正され、猫背になりにくくなります。

また、**ディスプレイと目線が同じ高さになるように、イスの高さやディスプレイの位置を調整すること。**

イスの上にスポンジマットやタオルを敷いてもいいと思います。パソコンと

目の位置が水平になるように工夫してみましょう。

一日中座りっぱなしで仕事をしている場合はとくに、坐骨や股関節にゆがみをもたらしてしまいます。股関節は、人間の体の要になる部分。座りっぱなしだと、右へ左へ、あるいはひねりも加わって、正常な位置をキープすることができないのです。

股関節がゆがむと、当然、上半身のゆがみへとつながり、さらに下半身にも影響が及びます。土台となっている股関節ですから、ここはとても重要な箇所。

長時間座ったりせず、時間を決めて定期的に立ち上がってください。「トイレに……」といって、頻繁に立ち上がり、フロアを歩くようにしましょう。

テレビの配置にも気をつけましょう。なるべく目線が水平に置かれるように「アゴを少し上げて」見る位置がベストポジションです。

コロナ禍による新しい生活様式の普及で、仕事はリモート、外出は控えるという生活をしている方も多くいると思います。体を動かすことが大幅に減りますし、同じ姿勢で長く過ごす時間も増えるでしょう。

同じ姿勢で重い頭をパソコンやスマホを扱い続けると、頭が下がり、首の前傾が強くなります。スマホ首、猫背首と呼ばれるのがそれ。また、ずっと座っていることで、頭まわり、首まわり、顔まわりの抗重力筋（重力に抗う筋肉。側頭筋など）が衰えてきます。

これらの筋力が衰えればたるみができ、顔が大きくなります。予防策を講じましょう。**一定の時間同じ姿勢でいたら、インターバルを取って、軽い体操などをして体を動かしてください。**エクササイズならPart2でご紹介した「**首回し**」がおすすめですよ。

体操やエクササイズを行うことで、体も心も頭もリフレッシュされて、単調になりがちな生活にメリハリがつきますし、ストレスの解消もはかれるのではないでしょうか。

小顔から少し離れますが、マスクを常用しているいまだからこそ必要な「肌ケア」の話もしておきましょう。

いま、外に出る際はマスクが必須ですね。そのため汗ばんだり、蒸れたりして、肌のトラブルが増えている方が多くいると聞きます。

改善のためには、マスクの下のケアを怠ってはいけません。化粧水、乳液、日焼け止めは必携のアイテムです。

化粧水を含ませたコットンをジップロックなどに入れておいて持ち歩き、外出先でも、まず、それで顔を拭き取って肌をスッキリ、きれいにして、そのあと化粧水、乳液、日焼け止めの順番で塗り直して、ケアをしましょう。

できれば、3時間おきにこの「肌直し」をしてください。水分と栄養の補給は、きれいな肌を保つための基本です。また、マスクから出ている目のまわり、首のまわりは、皮脂腺が少ないといわれていますから、この部分の肌直しも忘れないでください。

そして、夜は必ずクレンジングをしましょう。これをサボると、小鼻の黒ニキビの原因にもなります。

小顔のためには
バッグをどう持つかも重要です

体をゆがませないためにも、バッグの持ち方を工夫したほうがいいでしょう。できればハンドバッグのように、片方の肩にかけて、指がバッグの底に当たるように持てるものがベストです。

バッグの前面の底に手の指、とくに親指以外の4つの指を添えて持つと、バッグが軽く感じますし、股関節や背骨への負担も少なくなります。

ただしバッグをいつも同じ側で持つクセはやめましょう。

手さげバッグは体より後ろで持つのが原則。後ろに引くようにして持つと、「かかと重心」になって胸が開き、肩も後ろにいくことが実感できるはずです。

最近では、肩ショルダーのバックを斜めがけにしているスタイルもよく見ますが、これは体をゆがませる原因にもなりますので要注意です。ときどき左右逆にするなど気をつけてくださいね。

リュックも「背中に密着するから、背筋も伸びるのでは?」と考えがちですが、背中に重量が乗るぶん、姿勢を前にかがめてバランスを取ろうとしがち。たまにならいいですが、頻繁には持たないほうがいいでしょう。

たまに、手にどっさりと荷物を抱えた女性を見かけることがあります。男性も例外ではありません。仕事で必要な資料や道具などが入っている場合はいたしかたありませんが、長時間の場合はできるなら重い荷物は避けたいもの。家か、会社に置いておける工夫をしましょう。

ハンドバッグ

手さげバッグ

小顔美人をつくる靴選びと歩き方

靴はかかと部分にしっかりかかとを乗せられるものを選ぶようにしましょう。つま先に向かって滑るような靴は前傾姿勢になるので避けたいものです。また、指の裏とかかとが地面と平行になるデザインなら、ヒールでも歩きやすいと思います。ようは、**かかととつま先が平らな靴のほうが、姿勢ひいては「小顔にとってよい」**のです。

最近では、ハンマートゥや足のトラブルを防ぐようにデザインされた靴や、体重の負荷を和らげる工夫が施された靴底のものもあるので、ぴったりくる靴を探してみましょう。ただしヒールの高い靴はその日の体調や疲れ加減に合わせ、長い時間履いたままでいることを避けるなど、無理をしないように。

そして重要なのが歩き方です。歩くときは、ヒールのときは指裏から、スニーカーのときはかかとから着地しましょう。

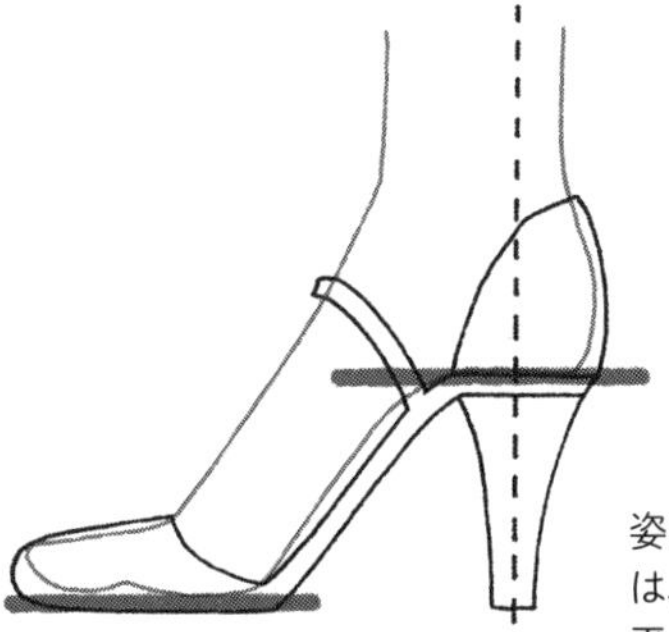

姿勢にとってよいのは、かかととつま先が平らな靴。

どんな高さの靴を履いていても**意識すべきことは、**足底とひざ裏に力を入れて、脚のつけ根をしっかりと前に出すことです。

前首・前肩・猫背にならず、前に出す脚ではなく、後ろにある脚のほうにしっかり体重をかけて歩くこと。こうすることで、**背骨や首が伸び、全身の血流もよくなります。**

正しい歩き方は疲れません。靴底も減りません。そして何よりも正しい歩き方は美しいものです。後姿も美しいのです。小顔を意識すると、歩き方も美しくなれます。

小顔に効き目のある笑顔のつくり方とは

わたしは美容家として活動するなかで笑うことの大切さをとても強く実感してきました。

いつも暗い顔をして下ばかり向いていれば、顔の表情は沈んだものになりますし、体も縦に伸びず下がってきます。疲れを感じると、笑顔も出にくくなります。

気分がすぐれなかったり、オーバーワークな日が続いたときこそ、首を伸ばし、しっかり歯が見えるくらいに、笑う筋肉を使ってみましょう。

ここでは、毎日の習慣に取り入れることで、いつでも「笑顔」でいられる方法を紹介します。

基本的な笑顔の表情は、口角を広げて「い」の形をつくること。つまり

「い」のように口角が広がり歯が見えるような言葉を意図的に発することで、笑顔の習慣ができてくるのです。

たとえば、写真を撮るときに「チーズ」といいますが、これは「チー」といったときに、表情筋がよく動くからです。つまり「い」の発音をすることがいい笑顔につながるのです。

たとえば、「素晴らしい」「うれしい」「きれい」「美しい」など、「い」で終わる気分がよくなる言葉を一日に何回も使うようにしてみてはいかがでしょうか。素敵な笑顔が身につくだけでなく、不思議と心も軽やかに楽しくなっていきますよ！

また、エクササイズのときにも、「気持ちいい」の「い」の口の形を取り入れると効果が増します。数字をカウントするときにほかのことは考えず、「い」の形のところで一拍おいて数えるのです。つまり、「いーち」「にー」「さん、しーい」「ごー、ろく、しーち」というように数えるのです。

「いー」の習慣、積極的に取り入れてみてくださいね！

大の字でよく寝返りを打って眠ろう

背骨は緩やかなS字カーブを描くのが理想です。重い頭を支えるための形で、このラインが深く曲がってしまうと頸椎がつまってしまい、血液もリンパも流れが悪くなってしまいます。肩こり、首こりは必至ですね。

日中だけでなく、**寝るときも、不自然な姿勢で寝ていると、頸椎につまりが生じてしまいます。**

ソファに座ったままうとうとと寝てしまう、テレビを見ながら寝転がったまま寝落ち……などをすると、体の流れがとどこおることはいうまでもありません。寝るときは、のびのびと体を伸ばして、休むのがいいのです。

理想は、**毎日夜寝る前にエクササイズをして筋肉をほぐして、少し固めのべ**

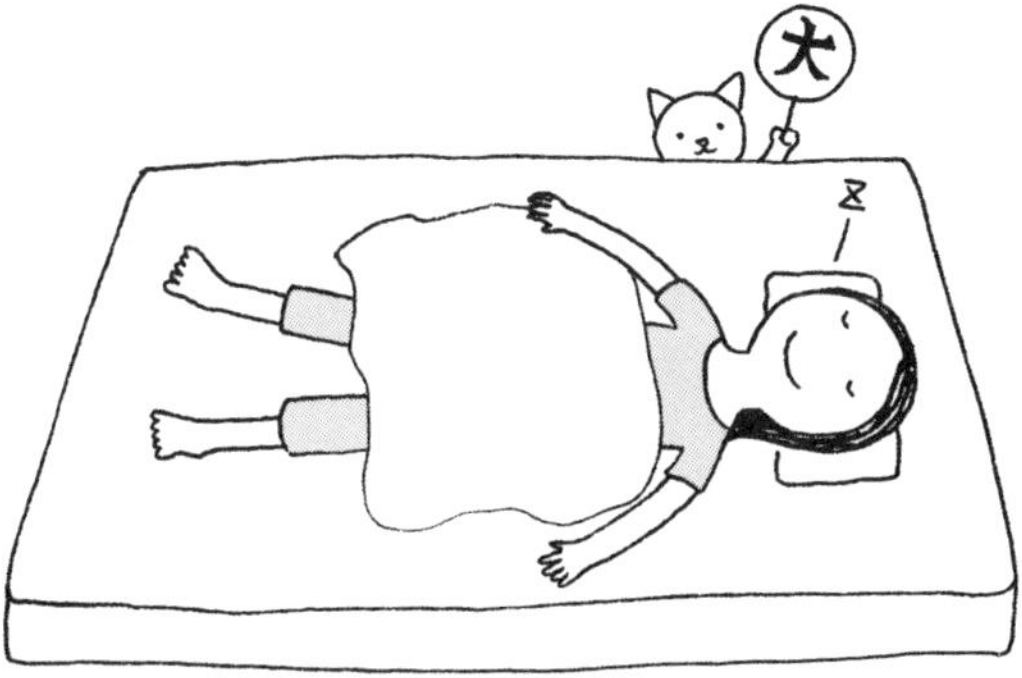

ッドや布団で眠ること。

固めのベッドで寝たほうが、眠っている間に寝返りができ、体のゆがみが正されやすいのです。やわらかすぎるベッドでは体が沈み込んでしまいます。

できれば首や肩、背中が楽になる姿勢、股関節を開いて〝大の字〟にできる広いところで寝るのがベストです。寝返りがよくでき筋肉がほぐれてよく眠れるのです。

うつ伏せに寝るのがもっともいけません。不自然な姿勢でうつ伏せに眠ると、アゴの位置が狂ったり顔がむくんだりします。

眠っている間の姿勢ですから正しい寝方を〝強制〟はできませんが、寝る前の姿勢は、上向き大の字を心がけましょう。

寝返りを打つという行為は、体の新陳代謝を促進し、骨格の矯正も行います。

寝返りは、背中に走っている副交感神経（夜、休んでいるときに働く自律神経）による指令です。

体が「筋肉を動かしたい」といって、寝返りを打っているのです。この神経を解放できる眠り方がいいのです。

人間にとって「体を横たえる」時間は、重力の負荷がなくなり、唯一重力から解放されるときです。夜は十分に体を横たえて睡眠を取ってください。

座ったままでの居眠りは絶対にいけません

お昼を食べてお腹がいっぱい、なんだかちょっと、うとうとうと……。

気をつけてください！　眠いからといって、机に突っ伏して寝るのは最悪ですよ。

どうしても眠いときは、横になって寝ることができればいいのですが、仕事中にこの体の休め方は、少し贅沢かもしれません。

せめて、斜めにでも横になれるソファを見つけてください。

先ほどの項目でもお話ししましたが、不自然な姿勢で寝ると〝頸椎〟につまりが生じてしまうのです。

顔の近くの頸椎につまりが生じれば、顔はむくみ、大きくなります。

体のバランスが崩れることにもつながるのです。

どうしても日中に眠くなってしまったら、可能なら、会議室などの〝空室〟を確認してから、空いているスペースでのびのびと体を伸ばして、休んでしまうのがいいでしょう。

ただし、横になって昼寝をするとしてもほんの短い時間にするべきです。10分も寝れば案外スッキリするものです。

とはいえ、電車の中での居眠りは絶対におすすめしません。目を閉じると体の縦筋がゆるみ、体全体が下がって体がゆがみます。

座席に座り、体の上半身が立っているままで眠ることは、体をゆがませている行為そのものなのです。

そもそも電車で眠ってしまうのは、家でよく睡眠を取れていない証拠。仕事が忙しくて睡眠が取れないということでないかぎり、エクササイズで体をほぐし、しっかりと睡眠を取るよう心がけてくださいね。

日本人ならではの美しい所作と小顔の関係

世界でも屈指の礼儀正しい国民性を日本人は持っています。たとえば、日本には〝おじぎ〟の風習があります。相手に対して敬意をあらわすあいさつや行為をすることが染みついています。美徳ですね。

ただし、頷くときに「はい、はい、はい……」と何度も頭を上げ下げし、縦にアゴを動かすと頸骨に負担がかかるので首を痛めやすいのです。

あいさつの際には腰から折り、背骨と首の骨をまっすぐにしたまま、上半身全体を前に傾けておじぎをするようにしましょう。

頷くときも首振り人形みたいに何度も頭を上げ下げするのはやめて、1回にしておくのがいいですね。

返事をするときも、「はい」とまっすぐ正面を向いてしても、相手に失礼になるということはありません。

日本人の着物や日本髪は、じつは小顔にとってはいい習慣です。

男性も女性も着物を着ているときは首をまっすぐにし、お腹を引いていると美しいものです。

おじぎをするときも、頭がい骨をいちいちカクカク動かすと襟足の髪が崩れるので、腰から体をていねいに曲げて行います。

日本髪は垂直に持ち上げるスタイルなので重く、必然的に顔を下げていられませんね。

また、日本には、小首をかしげる、しなをつくるといった表現があるように、わざと崩して色気やかわいらしさを演出するしぐさも多いもの。ただしこれらのしぐさもかわいらしさや美しさを意識したものです。だらしない姿勢とはまったく違います。

おじぎなど日本人ならではの美しい所作は、姿勢が美しいからこそ、心と体の芯がしっかりとした雰囲気を醸し出し、魅力があるのです。

日本人ならではの色気を醸し出すためにも、姿勢はとても大事なのです。

親指と4つの指の使い分けが顔と体を変える！

女性らしい体のラインをつくるために、とても重要なことがあります。それは、**親指に力を入れないということ。**親指は体の外側の硬い筋肉につながっていますから、親指に必要以上に力が入ると、体の外面や背面の筋肉が広く硬く、張ってしまいます。角張った男性的な筋肉のつき方になるというわけです。

あなたはどうでしょう？　きれいなデコルテはできていますか？

女性らしいデコルテをつくるためにとくに鍛えたいのが、「胸鎖乳突筋」です。この筋肉は、首から左右の鎖骨中心にあります。

しかし、**親指に力を入れると、肩の後ろにある僧帽筋が発達して上に上がり、胸鎖乳突筋が埋もれてしまうのです。**また、二の腕の外側にもたくましく見える筋肉（上腕二頭筋）が発達します。

美しいデコルテや胸、ウエストのくびれをつくりたいなら、手の指のうち、小指、薬指、中指、人差し指を美しくしなやかに動かすといいでしょう。

これらの指を動かすと、内側のしなやかな筋肉が刺激され、胸面は豊かで、二の腕は華奢な女性らしいラインになっていくのです。歌舞伎の女形の男性でもなれるのですから、練習しだいで誰でもできるようになります。

パーティーに出かけるときに、自信を持って肩を出したり、胸の開いたドレスを着ることができるようにもなるでしょう。

背中につく大きな筋肉である僧帽筋が薄くなって下がり、背中の筋肉もしなやかになり、肩甲骨も中央に寄って下がり、スッキリ背中が実現するというわけです。


さて、ここで、できるようであればぜひ、実行してほしいことがあります。それは、ふだんからできるだけ「重い荷物を持たないようにする」ということ。重いものを持つとどうしても親指に力が入ってしまいます。

持ち物を減らし、できるだけ身軽にして、さっそうとふるまうことで、理想の小顔に近づけるはずです。

ポジティブ思考が小顔をつくる

小顔と深いかかわりがあるのが「ポジティブ思考」です。

いつも内向きな考え方になってしまう、どうしても心が前向きになれない……。そんな人が少なくないようですが、そのネガティブ思考も「顔の大きさ」とつながっているのです。

もう一度、小顔づくりの要素を思い起こしてみてください。

前首が改善されて首がまっすぐ立って伸びている、前肩が改善されて肩が後ろに引けている、猫背が解消している、背中がゆったりリラックスしている……。

それらの状態がキープされていたら、胸が広がって酸素がいっぱい入ってきます。全身の血流がきれいになりますから、体調もアップし、脳にも十分な血液が送り込まれて、頭が冴えてきます。

〝体元気〟〝頭スッキリ〟になったら、落ち込んだ気分も、暗い気持ちも、吹き飛んでしまうのではありませんか？

まっすぐ伸びた首が重い頭もしっかり支えることができて、視線は上向きになり、表情も明るくなります。考え方もポジティブなものへと、変わっていくはずです。


小顔づくりは気持ちや発想まで変えるのです。仕事に対しても、プライベートな生活の場面でも、前向きに積極的になれる。そう、恋愛に対してだってままでみたいに引っ込み思案ではなくなりますから、チャンスが格段に広がります。

さあ、小顔づくりのポジティブ思考で、いい仕事、心軽やかな生活、素敵な恋をしてくださいね！

＼ 小顔美人になる ／

一日の過ごし方

小顔はみんなの願いです。
でも、悩みはそれだけでは
ありませんね。小顔になりながら
全身のスタイルアップもできたら
いうことはありません。
ここからは、小顔と全身のスタイル
アップが叶う習慣を一日の流れに
沿って紹介します。
ぜひ取り入れてくださいね。

朝の習慣

✔起きるとき

起き上がる前に
まず、手と足の指を
動かしましょう。
起きるときは、ひざを曲げ、
横向きになってから
起き上がります。

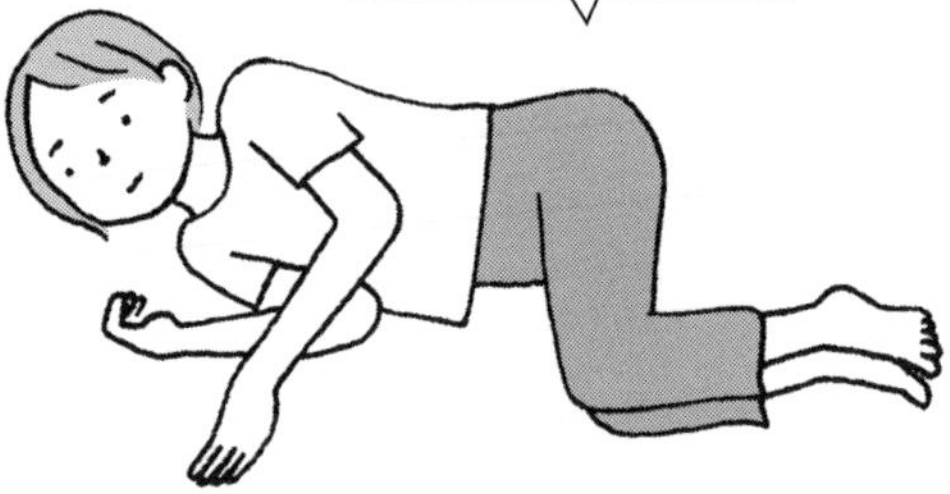

✔歯みがきしながら

足の指を動かし、そのあとで
かかとだけアップ。
ふくらはぎが締まることを
感じてください。

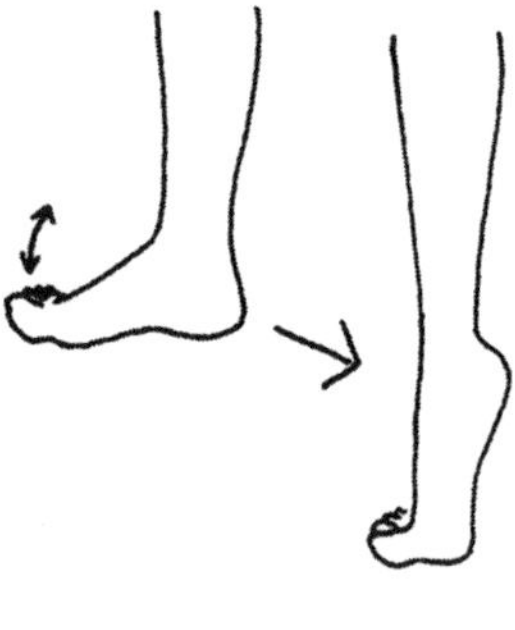

✓ コップ一杯の水を

常温の水を一杯、朝起きたら飲みましょう。内臓の働きを促し、代謝も上がります。

✓ 体重計

朝起きたら体重計に乗る習慣をつくりましょう。毎朝乗ると違いもわかり、体調の管理がしやすくなります。

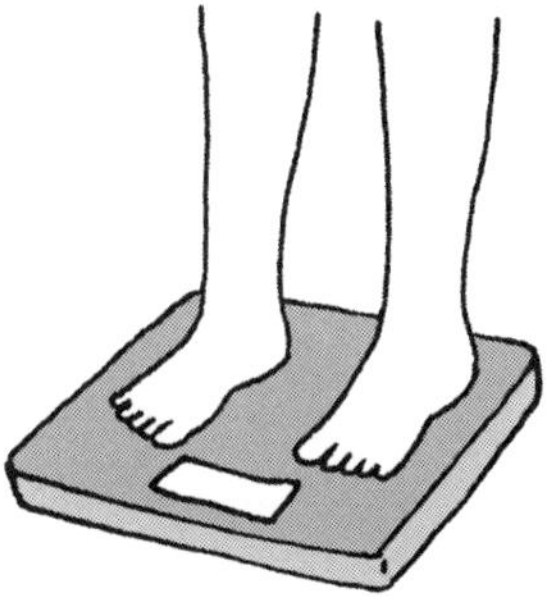

日中の習慣

✓ 立っているときは

かかと重心にして、
首を上へと伸ばし、体を地面に対して"垂直"にすることを心がけましょう。

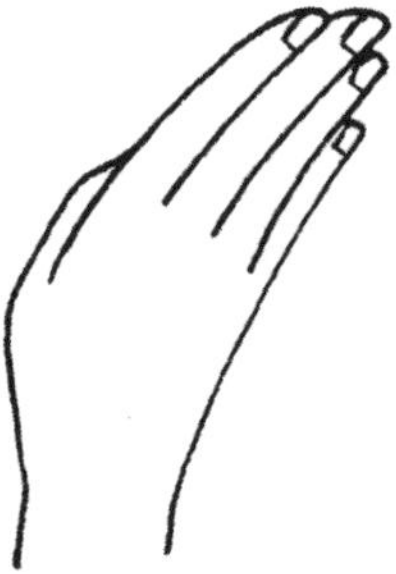

✓ 反り手

親指を手のひらにかくし、親指以外の４本の指をくっつけて、手の甲側にグッと反らす動作をクセにしましょう。

指の関節が伸びます。

✓ 外を歩くときは

電車の窓やビルのガラスに映った自分の姿を見てみましょう。
人に“見せる”意識はつねに持ちましょう。

✓ 食事

食べる量を計るのは器。
小さめのお椀を選んで、まず、野菜や汁物から食べましょう。

夜の習慣

✓ お風呂①

湯船につかって手足の指、関節をほぐします。血行がよくなればむくみもとれ、よく眠れます。

✓ お風呂②

首の後ろ、鎖骨、肩甲骨、股関節、お腹、背骨、足首や足の裏、手のひらに5秒ずつシャワーをあてると血行がよくなります。

√ 恥骨上げで股関節を整える

ベッドに横になったら仰向けになり、ひざを深く曲げて足裏をベッドにつけ、足裏をグッと押します。

手をお腹と背中にそれぞれ回し、その状態で、恥骨を５秒、真上に上げましょう。腰や背中に力を入れないで。

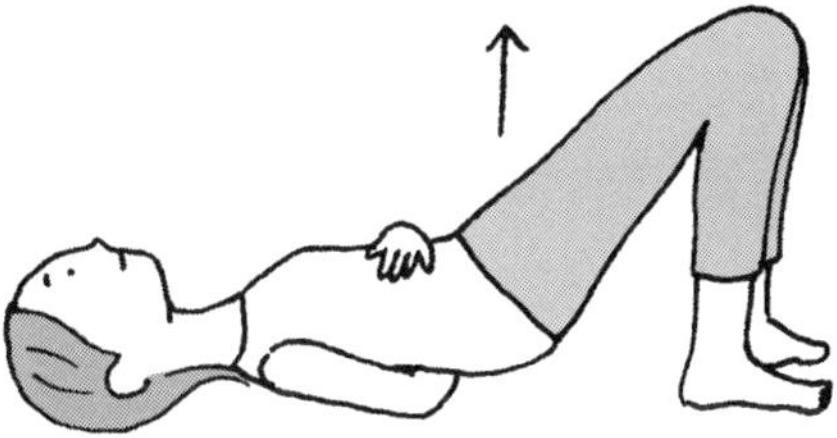

√ 90分サイクルで眠る

深い眠りと浅い眠り。

睡眠はこれを90分周期で繰り返します。浅い眠りのときに起きられるよう、めざましをセットして。

効果をチェックする習慣

✓鏡をチェック

お風呂上がりに全身を鏡に映してチェック。お腹まわり、バストやヒップ、背中までしっかり映しましょう。

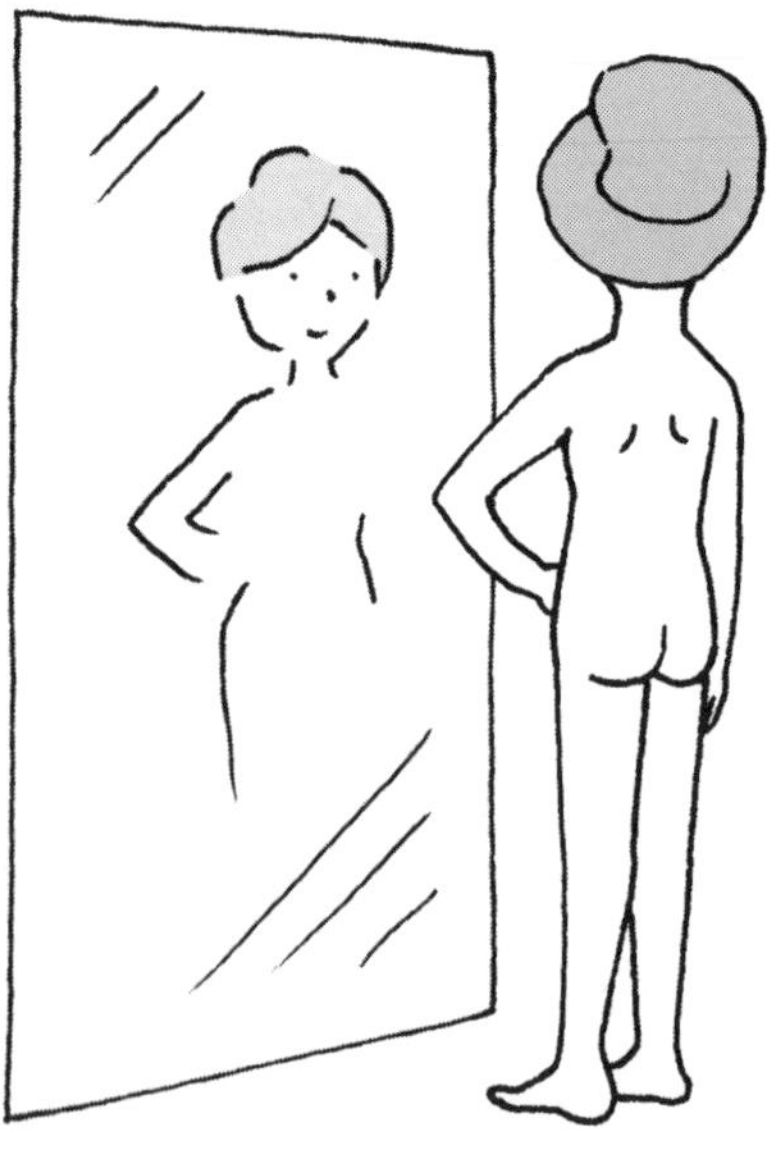

✓ 体重

ダイエットは3キロを区切りにしましょう。3キロ未満の体重減で区切りをつけるとリバウンドしやすいのです。体重が増えていたら、前日ではなく3日前の生活や食事を振り返って。

✓ パンツを使う

体にフィットするパンツをひとつ持っておきましょう。
下半身は変化がわかりやすいのでたまに履いて、自分の状態をチェック。

＼コラム／

「天然のネックレス」を自分でつくる方法

鎖骨の内側から首にかけてできる美しい「V字」のライン。これを「天然のネックレス」と呼びます。

Vラインが浮き出るのは、胸鎖乳突筋や首、アゴの周囲の筋肉が発達し、しなやかに働いているから。

デスクワークの合間など、ちょっと時間ができたときには、このVラインの上を中指で、グッと押してクルクルと回す、簡易的なマッサージをしてみましょう。

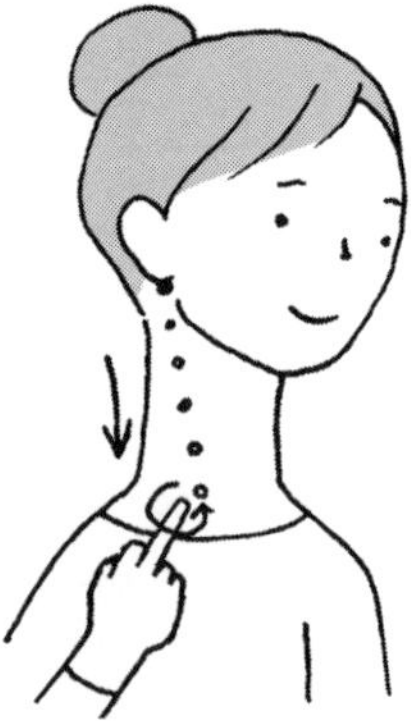

首を上へ伸ばした状態で、耳たぶの下あたりから鎖骨まで、Vラインを上から下へなぞるようにマッサージするとより効果的。続けることで、胸鎖乳突筋がしなやかになり、より早く小顔になれるでしょう。

エピローグ

小顔になると、人生が変わる！

小顔づくりに取り組んだら、こんないいことまで起こります!

小顔づくりのエクササイズに取り組み、素晴らしい成果をあげている人たちから、よく聞かれるのがこんな言葉です。

「想像していなかった〝素敵〟なことが起きた!」

その素敵なことのひとつが、胸が大きくなったということ。実際AカップからDカップにサイズアップした人もいらっしゃいます。もちろん、バストの大きさにはホルモンが関係していますから、小顔の人はすべてバストが豊かだとはかぎりませんが、少なくとも、次のようなことはいえると思います。

本書で紹介する方法で小顔になると、肩まわりや背中の周辺、腕まわり、腰まわり、脚についていた余分な脂肪やセルライトがなくなります。別の言い方をすれば、**脂肪やセルライトをヒップやバストなど、本来あるべき場所に集めて整理するエクササイズをすることで、小顔がつくられていくのです。**

脂肪はもともとヒップやバストに集まってきて、そこに蓄積されるようなメカニズムになっています。**小顔づくりのエクササイズによって、余計なところについていた脂肪が、本来つくべきところにつく。**そのため、バストは〝本来の大きさ〟を取り戻すことができるのです。

また、小顔づくりでは姿勢を正すことが必須条件です。つまり、エクササイズを通して、前のめりの姿勢から、背中、首、頭までがまっすぐに伸びた姿勢に変わるのです。前のめりの姿勢ではバストが下がってくるのは必然。しかも、前にツンと出るのではなく、横に広がってしまいます。

前のめりの姿勢になっているときは、首の後ろから肩や背中に広がっている僧帽筋に負荷がかかるため、筋肉が硬くなって、盛り上がってきます。それがさらに前首、前肩を促進するのですが、エクササイズで僧帽筋に刺激を与えると、そこがほぐれて筋肉も薄くなってきます。首、肩、背中の負担が軽減され、肩甲骨も下がり姿勢はスッと伸びるのです。

それだけでもバストの位置は上がりますし、エクササイズでバストを吊り上げている胸鎖乳突筋も鍛えられますから、バストアップは加速され、横に広がっていたバストが中央に寄ってきます。

もうひとつのうれしい変化は、アンダーバストが細くなること。アンダーバストが太いのは余計な脂肪、ぜい肉がついているからだと思っている人が少なくありません。しかし、それは誤解。アンダーバストの太さを決めるのは、じつは肋骨なのです。

肋骨が下がって横に開くとアンダーバストは太くなります。なぜ、肋骨は下がるのか？　これも姿勢と関係しています。猫背などで背骨がゆがんだり、縮まったりしていると、肋骨は下がってくるのです。

小顔づくりのエクササイズは、前首も猫背もまっすぐに直します。また、肩甲骨を下げます。肋骨と肩甲骨には相互作用があって、肩甲骨が下がると肋骨が上がる、肩甲骨が上がると肋骨が下がるのです。エクササイズの肋骨を上げる効果は抜群です。そこで、自然にアンダーバストは細くなるわけです。

バストが本来の大きさを取り戻し、上に引き上げられて、アンダーバストが細くなる。つまり、きれいなバストラインが手に入り、ウエストもくびれるのです。

猫背とバストアップとくびれの関係

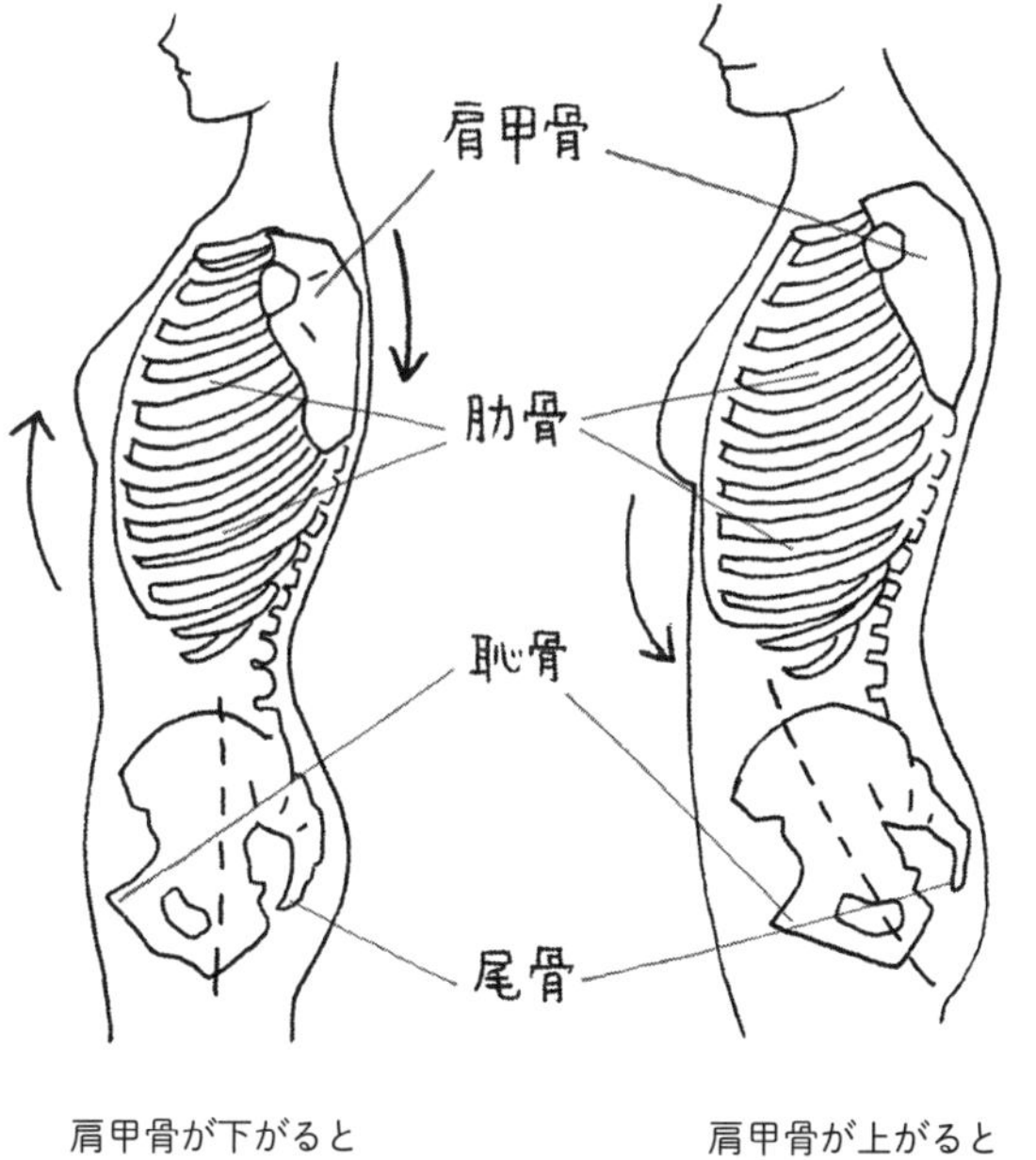

肩甲骨が下がると
肋骨が上がり、骨
盤が立つ。

肩甲骨が上がると
肋骨が下がり、骨
盤が前傾する。

肌荒れ、シミ、シワ、くすみもなくなる！

小顔づくりで起こる「素敵なこと」はまだまだあります。早速2つめを紹介しましょう。

それは、肌が若返り、きれいになるということ。

顔について、大きさとともに解決したいテーマはなにか、と尋ねたら、多くの人が肌の老化をあげるのではありませんか。

シワ、シミ、くすみといった老化や肌荒れに悩まされている人は多いものですが、骨格を整えることで、それらの悩みも解消されます。

肌荒れの原因は乾燥です。肌の表面の角質層は皮脂膜、つまり、汗腺から出る汗と皮脂腺から分泌される皮脂とによってつくられる乳液状態の膜で覆われています。

これが〝天然のクリーム〟の役割を果たしてくれていて、外部の刺激から肌を守るとともに、肌の乾燥も防いでくれているわけです。

美しい肌は、皮膚の表面から古い角質がしっかり剥がれ落ち、一定の周期で下層から上層に肌が新しく生まれ変わっています。この循環（新陳代謝）によって、肌はうるおいのある状態が保たれているのです。

ところが、**水分や皮脂の分泌が不足して皮脂膜が減少すると、肌はうるおいを失い、乾燥して肌荒れします。**肌の乾燥は小ジワの原因にもなります。

皮脂膜は汗が多すぎても皮脂が多すぎてもよい状態とはいえません。皮脂膜のバランスが悪い状態で、紫外線をたくさん浴びると、肌のコラーゲンがダメージを受けて弾力をなくし、老化します。

シミやそばかすも紫外線によるものです。

紫外線によって肌が刺激されると、黒褐色のメラニン色素がさかんにつくられるようになります。メラニン色素によって紫外線の刺激から体を守ろうとする機能が働くためです。

ふつう、メラニン色素は役目を果たし終えると、新陳代謝によって肌の表面に押し上げられ、自然に消滅するのですが、なかには色素が沈着してしまうこともあるのです。とどまってしまったメラニン色素。それがシミやそばかすの正体です。ちなみに、肌の白い人はメラニン色素が濃く目立つので、シミ、そばかすになりやすく、オークル系の人はメラニン色素が分散されて目立たないといえます。

また、シミには、目の下あるいは額や口のまわりにできるものや、肝斑《かんぱん》といって、頬骨に沿って左右対称にできるものもあります。これらは紫外線のほか、女性ホルモンが関係していたり、肝機能が低下している場合に起きやすいといわれています。

肌がなんとなく黒っぽく感じられるくすみは、新陳代謝が悪かったり、体内の老廃物が尿として体の外へうまく排出されずに皮膚表面から排出され、皮膚表面で酸化腐敗してしまうことでも起こります。

また、血行が悪く毛細血管の末端まで栄養がゆきわたっていない場合にも、肌はくすんだ色に見えます。

こうした肌トラブルを解消するには、日頃から紫外線ケアをするといったことが大切ですが、骨格を整え、全身の血行をよくして、血液やリンパ液の流れをスムーズにすることが、もっとも重要になってきます。

そのことによって、隅々にまで十分な栄養が届けられ、新陳代謝も高まって、肌によい影響があらわれるからです。

「うなはだけ」という言葉を聞いたことがありますか？

「う」はうるおい、「な」はなめらかさ、「は」はハリ、「だ」は弾力、「け」は血色ですが、これらがすべてそろっているのが、いわば理想的な肌。

顔はもちろん、首や肩、背中、さらには下半身からも骨格を正し、筋肉をほぐし、血行をよくする小顔づくりエクササイズは、「うなはだけ」を実現するための、とっても効果的なエクササイズでもあるのです。

オークル系の肌色がピンク系の肌色に変わることも珍しくはありません。

"表情が乏しい人"から表情が魅力的な人に変わります

顔の表情はその人の思いや感情を伝えるコミュニケーションツールだといってもいいでしょう。表情の豊かな人はそれだけで大きな魅力ですよね。そんな**コミュニケーション能力の高い、魅力的な人に変わる。それが小顔づくりで起こる素敵なことの3つめです。**

顔には表情筋と呼ばれる30種類以上の筋肉があるとされています。ふつう表情をつくる際に使われているのはその30%程度だといわれますが、それらがスムーズに動くということが、豊かな表情、人を惹きつけてやまない表情には欠かせない条件になります。

代表的な表情筋は、眉を上げたりするときに働く前頭筋、目のまわりを囲んでいて目を開いたり閉じたりする眼輪筋、上下のアゴの関節から口角まで伸びていて口角を上げる頬筋、口の周囲にあって口を閉じたり、唇を突き出したりなど、さまざまな口元の表情をつくり出す口輪筋、眉間の縦ジワをつくる鼻根筋、大きく口を開けて笑うときに働く大頬骨筋や口角下制筋、ちょっと皮肉っぽく上唇を上げる小頬骨筋、鼻の上の鼻筋……といったものです。

表情筋の動きを悪くするのは、余分な皮下脂肪（セルライト）です。ちなみにセルライトとは、脂肪が大きくなって球状になってしまったもののこと。余分な脂肪がついてしまうと血管や神経も圧迫され、筋肉が思うように動かなくなるのです。

溜まった皮下脂肪やセルライトは血行がよくなると流れていきます。その結果、表情筋の動きがよくなり、豊かな表情が生まれるのです。

本書のエクササイズで血行を高めると、明るくはつらつとして、素敵な表情もあなたのものになります。

心がガチガチになってきたら、エクササイズを心がけて

いかがでしょうか。小顔づくりには、素敵なことがたくさんあることを知っていただけたと思います。最後に、ボディメイクを続けるうえで大切なことをお伝えしましょう。

あなたの心はいま、ふんわりとやわらかな状態ですか？　ストレスなどでガチガチに硬くなっていないでしょうか。

ストレスによる考えすぎは、眉間に深いシワを刻みます。すると表情は固くなり、セルライトが溜まってしまいます。血液もリンパも、流れにくくなってしまいます。**考えすぎて心がふさぎ、ガチガチになると、表情や体までガチガチになってしまうのです。**

また人は考えるときにどうしても下を向いたり、片手をアゴに当ててひじをついたり、小顔にとってはよくない姿勢になってしまいがち。そこで、「**スト**

レスを感じたら下半身を使って動く」ということを習慣にしてはいかがでしょうか？

「あ、なんかひとつの考えにとらわれてるなあ」と思ったら、なにか料理をつくってみる、部屋の掃除をしてみる、近所を散歩してみる……。

不思議なもので体が動くと心も動きます。

「考えすぎてはいけない」というアドバイスは、考えすぎる人へは、なかなか難しいかもしれませんが、美容のためによくない、とどうか心にとめておいてください。

考えすぎる人は細かいところまで目が届く繊細さをお持ちなのだと思います。それは長所にもなりますが、体の具合を悪くさせる短所にもなります。

「考え込んできたなー」と思ったら本書のエクササイズを！　が心のためにも体のためにも一番です！

エクササイズによって、いつも、しなやかな心、しなやかな体でいられる。それも素敵なことではありませんか？

おわりに

誰もが小顔になりたい、ボディを変えたいと思っていても、ついつい「生まれつきだから変わらない」「忙しいから無理」「子どもを産んだから……」「年だしね」という言葉が頭をかすめてしまいます。

でもわたしが出会った全国から訪れてくださる多くの方々は「あきらめないで真剣に求める心」「多くを学び比較する心」「時間を惜しまない心」「実行し継続する心」をお持ちでした。

そして「もっときれいになりたい」「充実した満足できる人生を歩みたい」という願いを強く持たれていたのです。

もっともっときれいに若くなりたい、ウエストや脚を細くしたい、バストを豊かにきれいな形にしたい、美しい透明感のある肌と小顔になりたい……という希望をお伺いしてもわたしはまったく驚きません。

でもなかには、身長が低い、妊娠しにくい、扁平足を直したい……といった、わたしには〝専門外〟の悩みをお持ちの方もいらっしゃいました。そうした経験のない悩みについては、「解消できるかどうか、わかりませんよ」とお伝えしたのですが、それでも、まずはとにかくボディバランスのいい体づくりをしたいとみなさんおっしゃり、サロンに通ってくださいました。

骨盤が正しくなり、首や肩がスッキリし、バストが上がり軽い足取りで歩くことができるようになると、顔も引き締まります。

すると前述したような悩みが消えたり、妊娠したりする方もいらっしゃいます。妊娠された方はとてもうれしそうに報告してくださいました。

「願う心」「あきらめずに求める心」を持ち、挑戦し続ければ、困難に思えることも実現するのだということを改めてお客さまから教えていただきました。

このようにさまざまに変身された方々にたくさんお会いできたことで、トータル美容のさまざまな方法を比較研究することができ、ボディと小顔の関係に気づくことができたのです。

本文でもお伝えしましたが、顔には全身のゆがみがあらわれます。本書で紹介した小顔のしくみを知ることで、全身のゆがみに気づくことができるはずです。この本では簡単にすぐ小顔になれる、首や顔の筋肉を誘導する方法もご紹介しました。あきらめず求める心で鏡を見ながらエクササイズを実行していただけたらうれしく思います。

最後に、美容家として約50年、多くの素敵な方々との出会いのおかげで、次々と楽しく美容の仕事を続けられたことを心より感謝いたします。

シュウウエムラの植村秀会長には、夫がメークアップアーティストであった関係でサロンにもご来店いただき、美しい顔づくり研究への熱心な後姿を拝見させていただき、たくさんのことを学ばさせていただきました。

義母が着付けの先生で美容家であったおかげで、和装などの日本文化の素晴らしさ、歌舞伎の女形の筋肉の動かし方の素晴らしさにも気づかせていただきました。

また健康で美しくなりたい女性のための本を何冊も上梓させていただき、ご協力いただいた方々に深くお礼申し上げます。

本書はいままでのわたしの研究と施術指導の集大成ともいえるものです。

本書が少しでもみなさんのお役に立てましたら、筆者としてそれ以上の喜びはありません。

撮影…石田健一
モデル…上原史子
本文イラスト…坂木浩子・瀬川尚志
本文デザイン＆ＤＴＰ…青木佐和子
編集協力…水沼昌子

青春文庫

1日《にち》1分《ぷん》骨《ほね》から小《こ》顔《がお》

2021年5月20日　第1刷

著　者　南《みなみ》雅《まさ》子《こ》
発行者　小澤源太郎
責任編集　株式会社プライム涌光
発行所　株式会社青春出版社
〒162-0056　東京都新宿区若松町 12-1
電話 03-3203-2850（編集部）
03-3207-1916（営業部）
振替番号　00190-7-98602
印刷／中央精版印刷
製本／フォーネット社
ISBN 978-4-413-09778-9